财务小课，轻松趣学 税务入门

图解版

朱菲菲◎编著

中国铁道出版社有限公司
CHINA RAILWAY PUBLISHING HOUSE CO., LTD.

北 京

图书在版编目（CIP）数据

财务小课，轻松趣学税务入门：图解版 / 朱菲菲编著 . — 北京：中国铁道出版社有限公司，2024.6
ISBN 978-7-113-31104-9

Ⅰ.①财⋯　Ⅱ.①朱⋯　Ⅲ.①税收管理－基本知识－中国　Ⅳ.① F812.423

中国国家版本馆 CIP 数据核字（2024）第 056925 号

书　　名：财务小课，轻松趣学税务入门（图解版）
CAIWU XIAOKE，QINGSONG QUXUE SHUIWU RUMEN（TUJIE BAN）

作　　者：朱菲菲

责任编辑：王　佩　　编辑部电话：（010）51873022　　电子邮箱：505733396@qq.com
封面设计：宿　萌
责任校对：苗　丹
责任印制：赵星辰

出版发行：中国铁道出版社有限公司（100054，北京市西城区右安门西街 8 号）
印　　刷：河北宝昌佳彩印刷有限公司
版　　次：2024 年 6 月第 1 版　2024 年 6 月第 1 次印刷
开　　本：710 mm×1 000 mm　1/16　印张：11.5　字数：194 千
书　　号：ISBN 978-7-113-31104-9
定　　价：69.80 元

版权所有　侵权必究

凡购买铁道版图书，如有印制质量问题，请与本社读者服务部联系调换。电话：（010）51873174
打击盗版举报电话：（010）63549461

前言

说起"税",可能很多从事财会工作,甚至是从事税务工作的人,都会觉得头痛。它有重点,也有难点,更重要的是,它很繁杂。税种多、条款多、规定多,税额不好算,税务处理不好做。

这使得很多财税工作者在工作中频频出错,不想碰"税",也不想做与"税"相关的工作。

那么,"税"要怎么学才能轻松又简单呢?

首先,要懂一些基础的税务知识,为入门打好基础。比如某税种的征税范围是怎样的,谁是纳税义务人,纳税义务发生的时间是什么时候,什么时间该纳税申报、缴纳税款,在什么地点缴税。

其次,分税种进行学习、了解,熟悉每一个税种从会计科目、税额核算,到税务处理、纳税申报、税费缴纳,甚至是税务筹划的过程,由浅入深、层层递进、逐级剖析。

最后,要将理论与实践相结合,将理论知识应用到工作中遇到的问题上,看自己能不能处理实际问题。

为了帮助读者更精准地把握税务基础知识、重点知识、关键知识和实操技法,提升税务工作效率,发现税的"可爱"之处,笔者编著了本书。

全书共七章,可大致划分为三部分。

- ◆ 第一部分为第一章,这部分主要帮助读者快速、精准地掌握税务基础知识,如税法、税收法律关系、现行税种、税务登记和发票管理。
- ◆ 第二部分为第二至五章,这部分从现行税种入手,介绍增值税、消费税、附加税费、企业所得税、个人所得税、契税等18个现行税种的税额核算、税务处理。

◆ 第三部分为第六至七章，这部分主要对税务工作进行总结和升华，包括纳税申报、征收管理规定和纳税筹划，使税务知识更周全、完整。

本书叙述结构清晰，知识点简单易学，内容由浅入深，同时结合大量实际案例与知识的图视化表达，可有效帮助读者更轻松、愉悦地学习税务知识，降低学"税"的枯燥感，让读者有足够的兴趣和信心学好与"税"相关的知识与技能。

最后，希望所有读者都能快速入门，从本书中学到想学的税务知识，轻松掌握实际工作中会用到的工作方法。

编　者

目录

第一章 夯实税务入门功 1

一、初识税，基础牢固很重要 2
01 何为税收，何为税法 2
02 快速了解税收法律关系 4
03 简单了解现行的十八种税 5
04 税收征收机关只有税务局吗 6

二、了解与税务有关的工作内容 6
05 企业成立时要办理开业税务登记 6
06 发生相应变更要办理变更税务登记 8
07 停复业要办理的停业、复业登记 10
08 什么是外出经营报验登记 11
09 终止经营要办理注销税务登记 13
10 什么是纳税申报 14

三、学税务不能忘的发票管理 15
11 发票管理不简单，票面内容要牢记 15
12 种类不同，发票结构有差异 17
13 发票的使用要经购买与领用手续 21

第二章　掌握增值税是重中之重 24

一、增值税基础要打牢 25

01 增值税的纳税义务人和扣缴义务人 25
02 准确纳税需要明确增值税征税范围 25
03 分清增值税税率和征收率 28

二、增值税的进项税额处理 30

04 什么是增值税的进项税额 30
05 企业对外采购物资核算进项税额 32
实例分析 公司采购原材料的增值税进项税额核算 32
06 购买固定资产核算进项税额 33
实例分析 为开展生产活动购入一栋厂房时需核算的增值税进项税额 33
07 有能力自行建造厂房该怎么算进项税额 34
实例分析 公司自行组织施工人员建造厂房的增值税进项税额核算 35
08 外购无形资产核算进项税额 36
实例分析 公司从外单位购入生产用非专利技术要核算增值税进项税额 36
09 公司有实力自行研发生产技术 36
实例分析 公司自行研发技术涉及的增值税进项税额核算 37
10 委托外单位加工核算进项税额 38
实例分析 委托外单位加工物资支付加工费并核算增值税进项税额 38

三、增值税的销项税额与应纳税额核算 39

11 销售主营商品核算销项税额 39
实例分析 公司销售主营产品的销项税额核算与处理 40
12 销售原材料核算销项税额 41
实例分析 多余不用的材料在出售过程中的增值税销项税额处理 41

  13 随商品对外销售单独计价的包装物销项税额 42

    实例分析 包装物随产品一同出售并单独计价的增值税销项税额核算 43

  14 对外出售固定资产核算销项税额 44

    实例分析 出售闲置不用的厂房需要核算增值税 44

  15 接受外单位委托加工核算销项税额 45

    实例分析 接受外单位委托加工商品收取加工费并核算销项税额 46

  16 接受委托代销商品需不需要核算销项税额 46

    实例分析 接受外单位委托代销商品的销项税额核算处理 47

  17 当期增值税应纳税额要算明白 48

    实例分析 计算公司当期增值税应纳税额 48

    实例分析 小规模纳税人计算当期增值税应纳税额 49

第三章 学透消费税和附加税费 50

一、经营特殊应税消费品应缴纳消费税 51

  01 了解消费税的征税范围 51

  02 消费税的具体应税税目 52

  03 熟悉消费税的税率 55

  04 不同情形下消费税应纳税额的计算 57

    实例分析 生产销售环节不同征收方式下的消费税处理 58

    实例分析 自产自用业务在不同征收方式下的消费税处理 60

    实例分析 委托加工物资业务在不同征收方式下的消费税处理 61

    实例分析 进口应税消费品在不同征收方式下的消费税处理 63

    实例分析 委托加工应税消费品的两种消费税核算处理 64

二、附加税费随流转税一同缴纳 65

  05 承担城市维护建设，缴纳城建税 66

06 核算城市维护建设税的应纳税额 66

实例分析 核算公司当月应缴纳的城市维护建设税税额 67

07 认识并核算教育费附加和地方教育附加 67

实例分析 核算公司当月应缴纳的教育费附加和地方教育附加 68

第四章　处理好所得税，护各方利益 69

一、正确处理企业所得税保护公司利益 70

01 分清企业所得税的不同纳税人 70

02 了解企业所得税的征税对象和税率 71

03 重点计算应纳税所得额 72

实例分析 计算公司当月企业所得税的应纳税所得额 73

04 了解企业所得税的税前扣除项目 74

实例分析 计算公司当期的应纳税所得额 77

05 计算企业所得税应纳税额 78

实例分析 核算公司年度企业所得税应纳税额 79

二、正确处理个人所得税保护个人利益 79

06 个人所得税的不同纳税人及其纳税义务 79

07 牢记个人所得税的应税所得项目 80

08 清楚个人所得税的税率档次 82

09 确定应纳税所得额是关键 84

实例分析 计算居民个人综合所得的应纳税所得额 89

实例分析 计算个体工商户经营所得的应纳税所得额 91

实例分析 计算纳税人财产租赁所得的应纳税所得额 91

实例分析 计算纳税人财产转让所得的应纳税所得额 92

实例分析 计算纳税人利息、股息、红利所得和偶然所得的应纳税所得额 93

10　核算个人所得税应纳税额 93

　　　　实例分析 计算纳税人各种所得的应纳税额 93

第五章　了解更多税提升业务能力 96

一、与土地有关的税务处理 97

　　01　土地增值税的征税范围与超率累进税率 97

　　02　土地增值税的计税依据与扣除项目 99

　　　　实例分析 房地产开发费用扣除项目的不同核算情形 100

　　03　核算土地增值税应纳税额 101

　　　　实例分析 核算公司开发住宅需要缴纳的土地增值税应纳税额 102

　　04　认识城镇土地使用税 104

　　05　核算城镇土地使用税应纳税额 105

　　　　实例分析 核算公司占用应税土地从事生产经营活动应缴纳的城镇土地使用税 105

　　06　了解耕地占用税 106

　　07　核算耕地占用税应纳税额 107

　　　　实例分析 核算公司占用耕地从事生产经营活动应缴纳的耕地占用税 108

二、与车船有关的税务处理 108

　　08　在买车时一次性缴纳车辆购置税 109

　　09　核算车辆购置税应纳税额 109

　　　　实例分析 计算不同情形下的车辆购置税的应纳税额 110

　　10　每年使用车船需要按年缴纳车船税 110

　　11　核算车船税应纳税额 112

　　　　实例分析 计算不同情形下的车船税应纳税额 113

　　12　简单认识船舶吨税 114

13 核算船舶吨税应纳税额 115
　　实例分析 计算应税船舶吨税的应纳税额 115

三、其他税种的税务处理 116

14 从税率认识关税 116

15 确定关税的计税依据很重要 117

16 从印花税的征税范围知纳税人 120

17 了解印花税的应税税目与税率 121

18 核算印花税应纳税额 122
　　实例分析 核算不同应税税目的印花税应纳税额 124

19 简单了解资源税 125

20 公司排污不达标要缴环保税 126

21 轻松了解烟叶税 128
　　实例分析 核算烟草公司当月需要缴纳的烟叶税 128

第六章　关于纳税申报的那些事 129

一、流转税与附加税费一同申报纳税 130

01 增值税的征收管理规定 130

02 消费税的征收管理规定 132

03 附加税费的征收管理规定 134

04 流转税与附加税费的纳税申报实务 135

二、财产和行为税合并纳税申报 142

05 哪些税统一成财产和行为税合并申报 142

06 财产和行为税合并纳税申报实务 142

三、企业所得税和个人所得税的纳税申报 144

  07 企业所得税的征收管理规定 145

  08 如何进行企业所得税纳税申报 146

  09 个人所得税的征收管理规定 146

  10 个人所得税的纳税申报实务 150

四、关税船舶吨税和车辆购置税的申报 152

  11 关税和船舶吨税的征收管理规定 152

  12 关税和船舶吨税的纳税申报实务 153

  13 车辆购置税的征收管理规定与纳税实务 153

第七章　做好税务筹划 156

一、做好增值税纳税筹划 157

  01 设立时选择纳税人身份筹划纳税 157

    实例分析 通过选择纳税人身份进行增值税纳税筹划 157

  02 采购时选择合适的供应商进行纳税筹划 159

    实例分析 通过选择供应商达到节省增值税的目的 159

  03 销售时用商业折扣方式筹划纳税 160

    实例分析 关于销售涉及商业折扣的纳税筹划 160

  04 实用的增值税税收优惠政策 162

二、充分利用所得税税收优惠减税负 163

  05 充分利用税前加计扣除 163

    实例分析 公司利用加计扣除减少企业所得税应纳税额 164

  06 紧扣各种费用扣除上限进行纳税筹划 165

    实例分析 从职工福利费的扣除上限入手进行所得税纳税筹划 165

07 合理改变固定资产折旧年限做筹划 166

实例分析 从缩短固定资产折旧年限入手进行所得税纳税筹划 167

08 实用的企业所得税税收优惠政策 168

三、更多税种涉及的税务筹划方法 169

09 从减少流转环节入手筹划合同的印花税 170

实例分析 改变合同的签订方式也可以合理节省印花税 170

10 其他税种比较实用的税收优惠政策 171

第一章　夯实税务入门功

很多财会人员在处理税务工作时总是感觉头痛，甚至很多管理者也在为税务问题犯难，还有一些管理者因为不懂税，常常使公司陷入税务风险中，这显然对公司发展不利。究竟要怎么才能更有效且顺畅地处理税务工作呢？要轻松搞懂税，必然需要从基础开始。

- 初识税，基础牢固很重要
- 了解与税务有关的工作内容
- 学税务不能忘的发票管理

一、初识税，基础牢固很重要

作为企业管理者，你是否知道企业需要缴纳哪些税款？作为财会人员，你是否存在应交税款核算总是不正确的情况？企业向国家缴纳的税款，直接关系国家的财政收入，为了避免企业陷入纳税风险，管理者和财会人员都需要全面了解税。

01 何为税收，何为税法

税收是指以国家为主体，为实现国家职能，凭借政治权力，按照法定标准，无偿取得财政收入的一种特定分配形式。

税收是政府收入最重要的来源，与其他财政收入形式相比，它具有强制性、无偿性和固定性的特征。税收体现了国家与纳税人在征税、纳税的利益分配上的一种特定分配关系。

那么，税法又是什么呢？

税法即税收法律制度，是调整国家与社会成员在征纳税上的权利与义务关系，维护社会经济秩序和纳税秩序，保障国家利益和纳税人合法权益的法律规范，是国家税务机关及一切纳税单位和个人依法征税、依法纳税的行为规则。图1-1所示为税收与税法的关系。

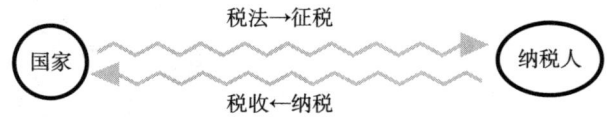

图1-1 税收与税法的关系

税法有相应的要素，一般包括纳税义务人、征税对象、税目、税率和计税依据等，具体解释见表1-1。

表1-1 税法的要素

要 素	解 释
纳税义务人	简称"纳税人"，指依法直接负有纳税义务的法人、自然人和其他组织 与纳税人相联系的另一个概念是扣缴义务人，这是税法规定的，在其经营活动中负有代扣税款并向国库缴纳义务的单位
征税对象	又称课税对象，是纳税的客体，指税收法律关系中权利义务所指的对象。换句话说，就是对什么征税。不同的征税对象是区别不同税种的重要标志

续上表

要　素	解　释
税目	是税法中具体规定应征税的项目，是征税对象的具体化。规定税目，一是为了明确某税种的具体征税范围，二是为了对不同的征税项目进行区分，从而制定高低不同的税率
税率	指应征税额与计税金额之间的比例，是计算税额的尺度。税率的高低直接体现国家的政策要求，直接关系到国家财政收入和纳税人的负担程度，是税收法律制度中的核心要素
计税依据	指计算应纳税额的依据或标准，简单来说，就是根据什么来计算纳税人应缴纳的税额 计税依据通常有两种形式，一是从价计征，以计税金额为计税依据，计税金额指征税对象的数量乘以计税价格的数额；二是从量计征，以征税对象的重量、体积或数量等为计税依据。另外，还有少部分实行复合计征，即同时采用从价计征和从量计征
纳税环节	主要指税法规定的征税对象在从生产到消费的流转过程中应缴纳税款的环节
纳税期限	指纳税人的纳税义务发生后应依法缴纳税款的期限，包括纳税义务发生时间、缴税期限和缴库期限。税法中，根据不同的情况规定不同的纳税期限，纳税人必须在规定的纳税期限内缴纳税款
纳税地点	指根据各税种的纳税环节和有利于对税款的源泉控制而规定的纳税人的具体申报纳税的地方
税收优惠	指国家对某些纳税人和征税对象给予鼓励和照顾的一种特殊规定。它主要包括三项内容：一是减税和免税；二是起征点；三是免征额
法律责任	指对违反国家税法规定的行为人采取的处罚措施。一般包括违法行为和因违法而应承担的法律责任两部分 这里的违法行为是指违反税法规定的行为，包括作为和不作为。税法中的法律责任包括行政责任和刑事责任

> **拓展贴士**　*税率的类型和税收优惠三项内容的详解*
>
> 　　在我国，税率主要有三种类型：比例税率、累进税率和定额税率。
> 　　比例税率是指对同一征税对象，不论其数额大小，均按同一个比例征税的税率。根据不同的情况，比例税率又可划分为行业比例税率、产品比例税率、地区差别比例税率、分档比例税率和幅度比例税率等。
> 　　累进税率是指根据征税对象数额的逐渐增大，按不同等级逐步提高的税率。换言之，征税对象数额越大，税率越高，如我国的个人所得税税率。累进税率又可分为超额累进税率和超率累进税率等。
> 　　①超额累进税率是按照征税对象数额的逐步递增划分若干等级，并按等级规定相应的递增税率，对每个等级分别计算税额。比如我国个人所得税税率标准。
> 　　②超率累进税率是按照征税对象的某种递增比例划分若干等级，并按等级规定相应的递增税率，对每个等级分别计算税额。比如我国土地增值税税率标准。
> 　　定额税率又称固定税额，是指按照征税对象的一定单位直接规定固定的税额，不采取百分比的形式。

税收优惠中的"减税",指对应征税款减少征收部分税款;"免税"是对按规定应征收的税款给予免除;减税和免税具体分为两种情况,一是税法直接规定的长期减免税项目,二是依法给予的一定期限内的减免税措施,期满后仍然依规定缴税。

起征点也称"征税起点",是指对征税对象开始征税的数额界限,没有达到规定起征点的不征税,达到或超过起征点的全额征税。

免征额是指对征税对象总额中免予征税的数额,即只对减除免征额后的剩余部分计征税款。

02 快速了解税收法律关系

税收法律关系体现为国家征税和纳税人纳税的利益分配关系。与其他法律关系一样,税收法律关系也由主体、客体和内容三方面构成,简单介绍见表1-2。

表1-2 税收法律关系的三个构成部分

构成部分	简述
主体	指税收法律关系中享有权利和承担义务的当事人。在我国税收法律关系中,主体包括两方,一方是代表国家行使征税职责的国家税务机关,包括国家各级税务机关和海关;另一方是履行纳税义务的人,即纳税人,包括法人、自然人和其他组织
客体	指主体的权利、义务所共同指向的对象,即征税对象。如企业所得税法律关系的客体就是生产经营所得和其他所得
内容	指主体享受的权利和应承担的义务。这是税收法律关系中最实质的东西,也是税法的灵魂

注意,我国对税收法律关系中"主体"的确定,采取属地兼属人原则,即在华的外国企业、组织、外籍人和无国籍人等,凡在中国境内有所得来源的,都是我国税收法律关系的主体。

图1-2所示为税收法律关系中主体、客体、内容之间的关系示意图。

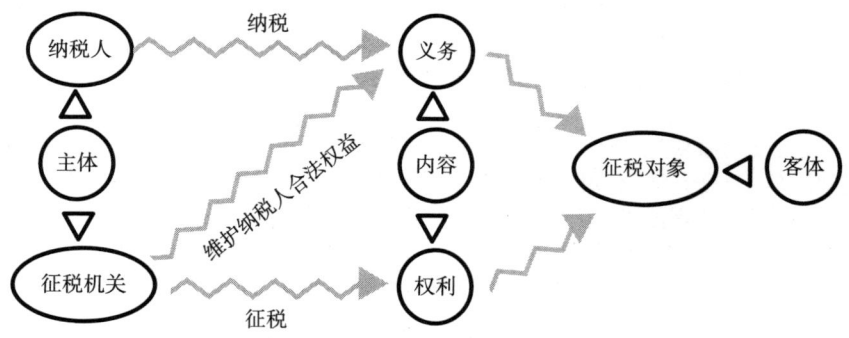

图1-2 税收法律关系各构成部分的关系

03 简单了解现行的十八种税

我国现行的税种有十八个，简单介绍见表1-3。

表1-3 现行的十八个税种

名称	含义
增值税	是以商品或应税劳务在流转过程中产生的增值额作为计税依据而征收的一种流转税。它是我国第一大税种，征税范围基本覆盖了所有销售行为和服务行为
消费税	是以消费品和特定消费行为的流转额作为征税对象而征收的一种流转税。主要征税对象有烟、酒、高档化妆品、贵重首饰及珠宝玉石、鞭炮和焰火、成品油、摩托车、小汽车、高尔夫球及球具等十五类
城市维护建设税	又称城建税，是以纳税人实际缴纳的增值税、消费税税额为计税依据而征收的一种附加税
企业所得税	是对我国境内的企业和其他取得收入的组织的生产经营所得及其他所得征收的一种所得税
个人所得税	是对个人（即自然人）取得的各项应税所得征收的一种所得税
城镇土地使用税	是国家在城市、县城、建制镇和工矿区范围内，对使用土地的单位和个人以其实际占用的土地面积为计税依据，按照规定的税额计算征收的一种税。该税种的征收，有利于通过经济手段，加强对土地的管理，促进合理、节约使用土地，提高土地使用效益
耕地占用税	是对占用耕地建房或从事其他非农业建设的单位和个人征收的一种税，也以实际占用的耕地面积为计税依据，按照规定的税额计算征收。该税种的征收，可实现合理利用土地资源，保护农用耕地的目的
土地增值税	是对我国境内转让国有土地使用权、地上建筑物及其附着物的单位和个人，以其转让房地产取得的增值额为课税对象而征收的一种税
房产税	是以房产为征税对象，按照房产的计税价值或房产租金收入向房产所有人或经营管理人等征收的一种财产税
契税	指不动产（土地、房屋）产权发生转移变动时，就当事人签订契约按产权价格的一定比例向产权承受人（新业主）征收的一次性税收
车辆购置税	是对在境内购置规定车辆的单位和个人征收的一种税，它由车辆购置附加费演变而来
车船税	是在我国境内的车辆、船舶的所有人或管理人按照《中华人民共和国车船税法》的规定应缴纳的一种税
印花税	是对经济活动和经济交往中书立、领受、使用具有法律效力的凭证的行为所征收的一种税
环保税	是环境保护税的简称，是为了保护和改善环境，减少污染物排放，推进生态文明建设而对直接向环境排放应税污染物的单位和其他经营者征收的一种税
资源税	是对我国境内从事应税矿产品开采或生产盐的单位和个人征收的一种税
烟叶税	是向收购烟叶的单位征收的一种税，计征时以收购烟叶的收购金额为计税依据
关税	是对进出口境或关境的货物、物品征收的一种税。由此可见，关税可分为进口关税和出口关税
船舶吨税	是对自我国境外港口进入境内港口的船舶征收的一种税

④ 税收征收机关只有税务局吗

在我国，税收征收机关不仅有税务局，还有海关。两者负责征收或代征的税收是不同的。

◆ 税务局负责征收管理的税收

我国各地税务局主要负责以下税收的征收与管理：国内增值税、国内消费税、城市维护建设税、企业所得税、个人所得税、城镇土地使用税、耕地占用税、土地增值税、房产税、契税、车辆购置税、车船税、印花税、资源税、环境保护税、烟叶税以及出口退税涉及的增值税和消费税。

◆ 海关负责征收管理的税收

我国海关主要负责以下税收的征收与管理：关税、船舶吨税以及委托代征的进口环节增值税、消费税。

由此可见，在我国，并不是只有税务局才是税收征收机关，海关也是。

二、了解与税务有关的工作内容

了解什么是税、税收、税法后，就可以处理企业的税务工作了吗？并不是。税务工作的开展前提，是要做好税务登记。在企业经营过程中，一旦某些经营情况发生改变，比如企业更名、法定代表人发生变更等，都会涉及税务变更登记，本节来做简单了解。

⑤ 企业成立时要办理开业税务登记

在了解开业税务登记之前，先来看看什么是税务登记。

税务登记是税务机关依据税法规定，对纳税人的生产、经营活动进行登记管理的一项法定制度，也是纳税人依法履行纳税义务的法定手续。它是整个税收征收管理的起点，包括开业登记、变更登记、停业和复业登记、注销登记以及外出经营报验登记等。

开业税务登记是指企业及企业在外地设立的分支机构和从事生产、经营的场所、个体工商户，以及从事生产、经营的事业单位，向生产、经营所在地税务机关申报办理税务登记的活动。

注意，开业税务登记要在新设立企业办理工商登记后办理。从事生产、经营的纳税人领取工商营业执照（含临时工商营业执照）的，应自领取工商营业执照之日起三十日内申报办理开业税务登记。具体步骤如图1-3所示。

从事生产、经营的纳税人应在规定的时间内，向主管税务机关提出申请办理税务登记的书面申请，如实填写税务登记表。另外还需要填写税种登记表，符合增值税一般纳税人条件的纳税人，还应填写增值税一般纳税人申请认定表

填 →

交 → 纳税人向税务机关填报税务登记表和税种登记表等表单的同时，还应提交有关证件、资料

税务机关应在收到纳税人填报的税务登记表和提交的有关证件及资料之日起三十日内完成审核，符合规定的，予以办理开业税务登记；不符合规定的，也要向纳税人给予答复

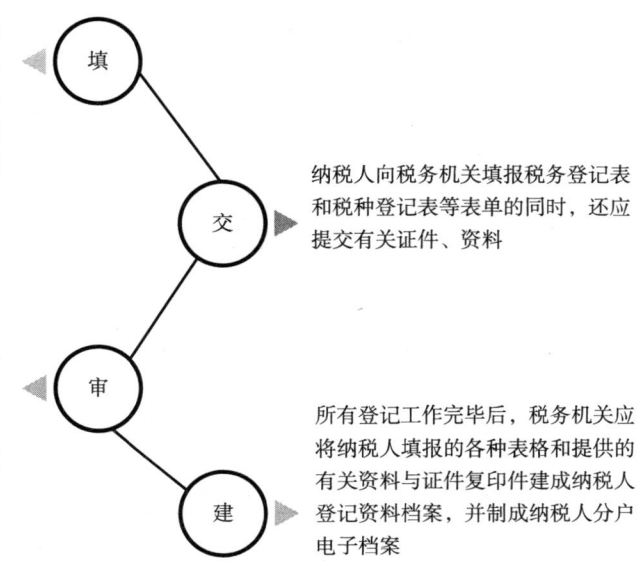

审 →

建 → 所有登记工作完毕后，税务机关应将纳税人填报的各种表格和提供的有关资料与证件复印件建成纳税人登记资料档案，并制成纳税人分户电子档案

图1-3 开业税务登记的办理流程

关于税务登记表，其内容包括但不限于以下这些：
①单位名称。
②法定代表人或业主姓名及其居民身份证、护照或其他合法证件的号码。
③住所、经营地点、经营性质、企业形式。
④核算方式、生产经营范围、经营方式。
⑤注册资金（资本）、投资总额、开户银行及账号。
⑥生产经营期限、从业人数、营业执照号码。
⑦财务负责人、办税人员。
⑧其他有关事项。

如果企业在外地设立有分支机构或从事生产、经营的场所，则分支机构或场所还应在税务登记表中登记总机构名称、地址、法定代表人、主要业务范围和财务负责人。

在企业向税务机关提交资料和相关证件的环节，不同的纳税人需要提交的资料和证件会有些微差异，如图1-4所示。

```
┌─────────┐
│  企业   │
└────┬────┘
     ▼
┌─────────────────────────────────────────────────────────────┐
│ ①申请办理开业税务登记的书面申请。                           │
│ ②企业营业执照副本或其他核准执业证件的原件及复印件。         │
│ ③有关机关、部门批准设立的文件的原件及复印件。               │
│ ④有关合同、章程或协议书的原件及复印件。                     │
│ ⑤法定代表人和董事会成员名单。                               │
│ ⑥法定代表人或负责人的居民身份证、护照或其他证明身份的合法证件的原件及复印件。│
│ ⑦银行账户证明。                                             │
│ ⑧住所或经营场所证明。                                       │
│ ⑨属于享受税收优惠政策的，还应提供相应证明资料。             │
│ ⑩主管税务机关要求提供的其他资料和证件。                     │
└─────────────────────────────────────────────────────────────┘

┌───────────┐
│ 个体工商户 │
└─────┬─────┘
      ▼
┌─────────────────────────────────────────────────────────────┐
│ ①申请办理开业税务登记的书面申请。                           │
│ ②个体工商户营业执照副本或其他核准执业证件的原件及复印件。   │
│ ③经营者的居民身份证、护照或其他证明身份的合法证件的原件及复印件。│
│ ④经营者住所或经营场所证明。                                 │
│ ⑤主管税务机关要求提供的其他资料和证件。                     │
└─────────────────────────────────────────────────────────────┘
```

图 1-4　不同纳税人向税务机关提交的开业税务登记资料

06　发生相应变更要办理变更税务登记

企业法定代表人发生变更，或者经营范围发生变更等，办税人员办理纳税、缴税手续时是不是无法操作？这是当然的。当企业有如下这些事项发生变动时，见表 1-4，需要企业财务负责人办理变更税务登记手续，这样才能使后续的税务工作顺利进行。

表 1-4　需要办理变更税务登记的变更事项及所需提供的资料

变更事项	办理时需要提供的资料
变更注册资本	①变更的决议或补充章程的原件及复印件 ②验资报告的原件及复印件（营业执照注明未注资的除外）
改变法定代表人	①法定代表人居民身份证或护照等身份证明资料的原件及复印件 ②变更的决议及有关证明文件的原件及复印件 ③国有企业提供上级部门的任命书原件及复印件；没有国有企业上级部门任命书的纳税人，可提供"新任法定代表人愿意承担前任法定代表人任职期间该纳税人涉税业务的权利和义务的声明"，对不提供的，税务机关有权依法进行税务检查
改变登记注册类型	变更的决议及有关证明文件的原件及复印件

续上表

变更事项	办理时需要提供的资料
改变注册（住所）地址或经营地址	①注册地址及生产、经营地址证明（产权证、租赁协议）原件及复印件。若为自有房产，提供产权证或买卖契约等合法产权证明原件及复印件；若为租赁场所，提供租赁协议原件及复印件；若生产、经营地址与注册地址不一致，分别提供相应证明 ②发票缴销登记表（一式两份），注意，经营地迁移到市内其他行政区的需提供 ③涉及进出口业务的纳税人需提供进出口税收管理部门审批通过的出口货物退（免）税注销认定通知书
改变银行账号	银行开立账户的资料原件及复印件
变更核算形式、投资方	①变更的决议及有关证明文件原件及复印件 ②只有投资总额发生变动的，才需要提供验资报告的原件和复印件
变更分支机构负责人	①变更的决议及有关证明文件原件及复印件 ②负责人居民身份证或护照等身份证明资料原件及复印件
变更经营范围	①变更的决议及有关证明文件原件及复印件，主要针对无营业执照的纳税人 ②纳税人税种登记表（一式两份），涉及税种变更的才填写并提交
分支机构申请变更其总机构相关登记信息	总机构的营业执照复印件
总机构申请变更其分支机构相关登记信息	分支机构的营业执照复印件
变更纳税人识别号	因纳税人基本信息变更或因行政区划变化等原因，需要变更纳税人识别号的，提供相应的证明文件原件及复印件

那么，企业财务负责人如何规范且有效地办理变更税务登记呢？图1-5所示为办理流程。

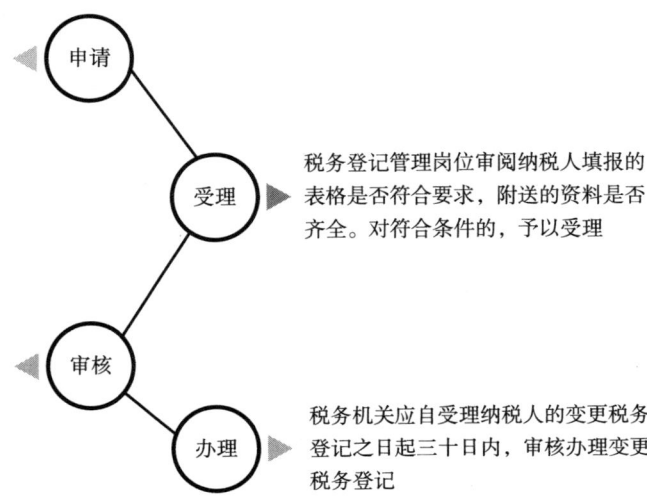

图1-5 变更税务登记的办理流程

> **拓展贴士** *变更税务登记也要分情况*
>
> 　　变更税务登记又分为工商变更登记变更和非工商变更登记变更。通俗点说，前者是指企业发生了工商变更登记的情况，导致税务登记也要发生变更；后者是指企业没有发生工商变更登记的情况，但税务登记需要变更。
> 　　两种变更税务登记的情况，在提交资料时最大的区别是工商变更登记变更要多提交一份工商变更登记表及工商营业执照原件和复印件。

⑦ 停复业要办理的停业、复业登记

　　停业、复业登记通常都是前后脚发生的，一定是先有停业登记，才可能有复业登记。但复业登记不一定会出现，比如某企业停业一段时间后直接终止经营，这样就不存在复业登记。

　　这类税务登记主要针对实行定额征收的纳税人，因其自身经营的需要而暂停经营或者恢复经营，向主管税务机关申请办理。相关规定有以下五点内容：

　　①实行定期定额征收方式的个体工商户需要停业的，应在停业前（通常为停业前一个星期）向税务机关申请办理停业登记。

　　②纳税人在申请办理停业登记时，应如实填写"停业登记表"，说明停业理由、停业期限、停业前的纳税情况和发票的领、用、存情况，并结清应纳税款、滞纳金和罚款。同时，税务机关应收存纳税人的发票领购簿、未使用完的发票和其他税务证件。

　　③纳税人应在恢复生产经营前，向税务机关申请办理复业登记，如实填写停业复业报告书，领回并启用发票领购簿及其停业前领购的发票。

　　④纳税人停业期满不能及时恢复生产、经营的，应在停业期满前填写"延期复业申请审批表"，向主管税务机关提出延长停业登记的申请，如实填写停业复业报告书，主管税务机关核准后发放核准延期复业通知书，方可延期。

　　⑤纳税人停业期满未按期复业又不申请延长停业的，主管税务机关视其为已经恢复营业，实施正常的税收征收管理。纳税人在停业期限发生纳税义务的，应按照税收法律、行政法规的规定申报缴纳税款。

　　注意，纳税人的停业期限不得超过一年。

⑧ 什么是外出经营报验登记

对于从事生产、经营的企业来说，难免会遇到临时到外县（市）从事生产、经营活动的情况。此时，企业负责人或办税人员必须持当地主管税务机关填发的外出经营活动税收管理证明，向临时经营地税务机关办理报验登记，并接受临时经营地税务机关的依法管理。

纳税人在进行生产、经营前，向临时经营地税务机关申请办理报验登记时，需提供相应的资料和证件。

①外出经营活动税收管理证明。

②主管税务机关要求提供的其他资料、证件。

③纳税人在外出经营活动税收管理证明注明地销售货物的，除了提交前述证件、资料外，还应如实填写"外出经营货物报验单"，申报查验货物。

另外，企业还需要牢记关于外出经营报验登记工作的注意事项，具体有以下几点。

①外出经营活动税收管理证明的有效期限一般为三十天，最长不得超过一百八十天。

②纳税人外出经营活动结束后，应向临时经营地税务机关填报"外出经营活动情况申报表"，结清税款、缴销发票。

③纳税人应在外出经营活动税收管理证明有效期届满后十日内，持外出经营活动税收管理证明回原主管税务机关办理外出经营活动税收管理证明的缴销手续。

那么，企业如何规范且顺利地完成外出经营报验登记呢？这主要包括三项工作内容，即外出经营活动税收管理证明的开具、临时经营地报验登记以及核销报验登记。每项工作的操作流程分别如图 1-6、图 1-7 和图 1-8 所示。

拓展贴士 *外出经营活动税收管理证明的核销手续*

注意，纳税人临时外出经营活动结束后，应持外管证回原批准外出经营的税务机关办理缴销手续。

①纳税人应在外管证有效期届满或经营活动结束之日起十日内，将临时经营地主管税务机关注明有经营情况并加盖印章的外管证，提交给原批准税务机关的税务登记受理岗办理缴销手续。在规定期限内未办理缴销手续的，及时传达到税源管理岗进行处理。

②原批准税务机关受理纳税人填报的外管证核销业务，符合要求的，税务登记管理人员将外管证信息录入综合征管系统，同时录入联合办证系统。

上述办事流程中的"外管证"是外出经营活动税收管理证明的简称。

注意，外埠纳税人需要在临时经营地使用普通发票的，必须在申请办理报验登记时提供担保人或缴纳发票保证金，临时经营地负责受理的税务机关可向纳税人发售普通发票。

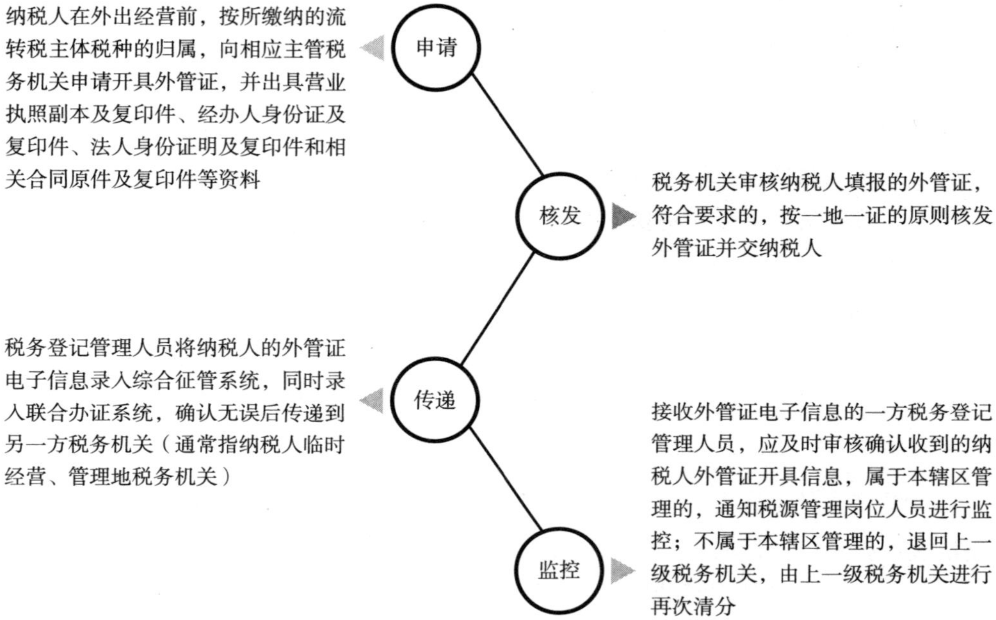

纳税人在外出经营前，按所缴纳的流转税主体税种的归属，向相应主管税务机关申请开具外管证，并出具营业执照副本及复印件、经办人身份证及复印件、法人身份证明及复印件和相关合同原件及复印件等资料

税务机关审核纳税人填报的外管证，符合要求的，按一地一证的原则核发外管证并交纳税人

税务登记管理人员将纳税人的外管证电子信息录入综合征管系统，同时录入联合办证系统，确认无误后传递到另一方税务机关（通常指纳税人临时经营、管理地税务机关）

接收外管证电子信息的一方税务登记管理人员，应及时审核确认收到的纳税人外管证开具信息，属于本辖区管理的，通知税源管理岗位人员进行监控；不属于本辖区管理的，退回上一级税务机关，由上一级税务机关进行再次清分

图 1-6 外出经营活动税收管理证明的开具流程

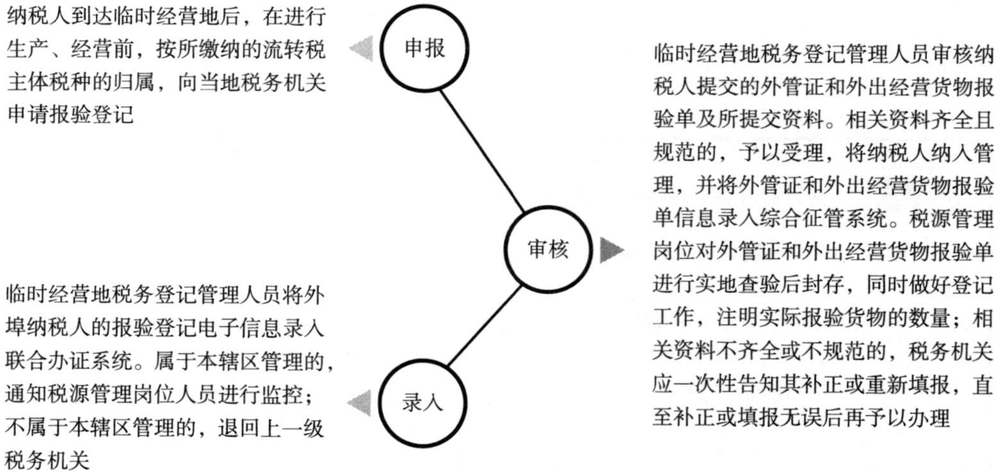

纳税人到达临时经营地后，在进行生产、经营前，按所缴纳的流转税主体税种的归属，向当地税务机关申请报验登记

临时经营地税务登记管理人员审核纳税人提交的外管证和外出经营货物报验单及所提交资料。相关资料齐全且规范的，予以受理，将纳税人纳入管理，并将外管证和外出经营货物报验单信息录入综合征管系统。税源管理岗位对外管证和外出经营货物报验单进行实地查验后封存，同时做好登记工作，注明实际报验货物的数量；相关资料不齐全或不规范的，税务机关应一次性告知其补正或重新填报，直至补正或填报无误后再予以办理

临时经营地税务登记管理人员将外埠纳税人的报验登记电子信息录入联合办证系统。属于本辖区管理的，通知税源管理岗位人员进行监控；不属于本辖区管理的，退回上一级税务机关

图 1-7 外埠纳税人报验登记流程

纳税人外出经营活动结束后，持外管证等证件和资料，向临时生产、经营地税务机关申请核销报验登记

临时经营地税务机关实地核查纳税人的实际货物数量，看是否与外管证上注明数量相符。不符的，纳税人应按规定向临时经营地税务机关填报"外出经营活动情况申报表"，并按规定结清税款、缴销发票

临时经营地税务机关在外管证上注明纳税人的经营情况、纳税情况及发票使用情况，一份交纳税人，一份留本部门存档。同时税务登记管理人员将纳税人的核销报验登记的电子信息录入联合办证系统，确认无误后传递到另一方税务机关（通常为纳税人原主管税务机关）

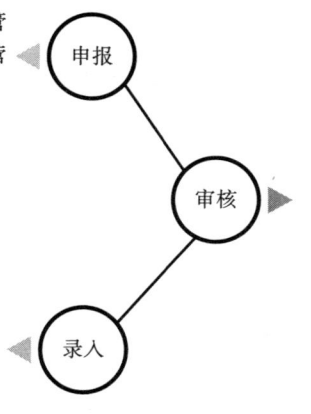

图1-8 核销报验登记流程

09 终止经营要办理注销税务登记

投资者之间发生经营分歧，公司经营不下去，要散伙了，直接散伙不营业就可以了吗？

公司因经营策略不准确，导致连续亏损最终破产，是直接办理工商注销就行了吗？

公司因一些特殊原因，被相关行政机关强制执行撤销，没有缴清的款项就不用再缴纳了吗？

很显然，答案是否定的。纳税人发生解散、破产、撤销及其他情形，依法终止纳税义务的，在向工商行政管理机关或其他机关办理注销登记前，需持有关证件向原税务登记机关申请办理注销税务登记。

需要注意的是，纳税人因不同的原因需要办理注销税务登记的，办理期限会有不同，大致分为如下三种情形：

①按照规定不需要在工商行政管理机关或其他机关办理注册登记的，应自有关机关批准或宣告终止之日起十五日内，持有关证件向原税务登记机关申报办理注销税务登记。

②纳税人因住所、经营地点发生变动而涉及变更税务登记机关的，应在向工商行政管理机关或其他机关申请办理变更或注销登记前，或住所、经营地点变动前，向原税务登记机关申报办理注销税务登记，并在三十日内向迁达地税务机关

申报办理税务登记。

③纳税人被工商行政管理机关吊销营业执照或被其他机关予以撤销登记的，应自营业执照被吊销或被撤销登记之日起十五日内，向原税务登记机关申报办理注销税务登记。

纳税人在办理注销税务登记时，有四个主要步骤，如图1-9所示。

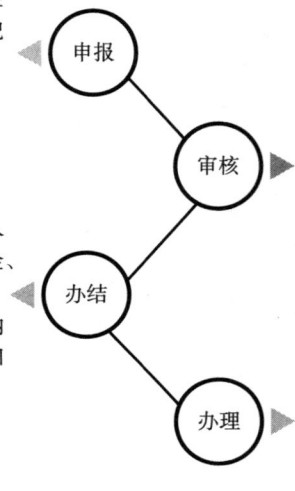

纳税人向原税务登记机关申请办理注销税务登记，如实填写注销税务登记申请书，并按要求提供相应资料

税务机关审核纳税人提交的资料与证件是否齐全、合法、有效，符合规定的，办理注销税务登记手续；不符合规定的，应当场一次性告知纳税人补正或重新填报。如果发现纳税人未按规定时限办理，还要进行违法违章处理

在正式办理注销税务登记前，纳税人应向税务机关结清应纳税款、滞纳金、罚款，结存发票做验旧、缴销处理，办结申报事项。若是防伪税控风险纳税人，还应取消防伪税控资格，交回防伪税控设备

税务机关审核通过后，为纳税人办理注销税务登记手续，在其报送的"注销税务登记申请审批表"上签署意见，经系统录入注销登记信息，制作税务事项通知书送达纳税人，将相关资料归档

图1-9 注销税务登记流程

⑩ 什么是纳税申报

纳税申报是指纳税人按照税法规定的期限和内容，向税务机关提交有关纳税事项书面报告的法律行为。纳税申报是纳税人履行纳税义务、承担法律责任的主要依据，是税务机关税收管理信息的主要来源和税务管理的一项重要制度。《中华人民共和国税收征收管理法》对纳税申报作了包括但不限于以下的一些规定：

第二十五条 纳税人必须依照法律、行政法规规定或者税务机关依照法律、行政法规的规定确定的申报期限、申报内容如实办理纳税申报，报送纳税申报表、财务会计报表以及税务机关根据实际需要要求纳税人报送的其他纳税资料。

扣缴义务人必须依照法律、行政法规规定或者税务机关依照法律、行政法规的规定确定的申报期限、申报内容如实报送代扣代缴、代收代缴税款报告表以及税务机关根据实际需要要求扣缴义务人报送的其他有关资料。

第二十六条 纳税人、扣缴义务人可以直接到税务机关办理纳税申报或者报送代扣代缴、代收代缴税款报告表，也可以按照规定采取邮寄、数据电文或者其他方式办理上述申报、报送事项。

第二十七条 纳税人、扣缴义务人不能按期办理纳税申报或者报送代扣代缴、代收代缴税款报告表的，经税务机关核准，可以延期申报。

经核准延期办理前款规定的申报、报送事项的，应当在纳税期内按照上期实际缴纳的税额或者税务机关核定的税额预缴税款，并在核准的延期内办理税款结算。

第六十二条 纳税人未按照规定的期限办理纳税申报和报送纳税资料的，或者扣缴义务人未按照规定的期限向税务机关报送代扣代缴、代收代缴税款报告表和有关资料的，由税务机关责令限期改正，可以处二千元以下的罚款；情节严重的，可以处二千元以上一万元以下的罚款。

第六十四条第二款 纳税人不进行纳税申报，不缴或者少缴应纳税款的，由税务机关追缴其不缴或者少缴的税款、滞纳金，并处不缴或者少缴的税款百分之五十以上五倍以下的罚款。

三、学税务不能忘的发票管理

你是不是遇到过发票丢了必须补办的紧急情况？你是不是遇到过发票上因为一个小错误而需要开具方重新开具的窘境？有些发票可以用于抵扣增值税销项税额，有些则不可以，为什么？实务中，发票的管理非常严格，因此，学税务一定不能忽略发票管理。

⑪ 发票管理不简单，票面内容要牢记

相信很多财会人员都意识到了，企业经营过程中发票的使用非常广泛。不仅在做会计核算时需要，在接受税务机关检查时也需要，所有发生的经济业务，几乎都要通过发票来证明其真实性。因此，学税务不能忽略对发票的管理。那么，发票究竟长什么样子呢？下面先从其票面内容来进行大致的认识，见表1-5。

表1-5 发票的票面内容

票面内容	简述
票头	即发票的名称,如"增值税专用发票""增值税普通发票""机动车销售统一发票"等
字轨号码	即发票代码,增值税专用发票和增值税普通发票的发票代码一般在左上角;通用机打、手工、定额发票的代码一般在右上角;通用卷式发票的代码一般在发票监制章下方
联次及用途	不同的发票其联次数量不同,每一联次对应不同的用途
购买方名称	指购买商品、接受劳务一方的名称,通常要用全称,如××有限公司
购买方银行开户账号	指购买方的开户银行及账号信息
商品或产品的名称	指经济业务涉及的商品或产品名称,如A4纸、××型号生产设备、中性笔等
计量单位	即商品或产品的计量尺度,如辆、盒、件、箱等
数量	用来描述计量单位的多少,如3辆、10盒、100件、60箱等
单价	用来描述商品或产品的单位价格,如1.00元/辆、200.00元/盒、500.00元/件、300.00元/箱等
金额	用来描述所购货物或服务不含税总价,如1 000.00元
税率	主要指增值税适用税率,具体将在本书第二章详细介绍
税额	主要指按照不含税总价和适用税率计算得出的增值税税额
大小写金额	用来描述所购货物或服务含税总价,如小写金额1 130.00元,大写金额为壹仟壹佰叁拾元整
经手人	主要指开具发票的人,要写清楚姓名并加盖个人私章
单位印章	主要是加盖销售方的单位印章
开票日期	即开具发票的日期,通常应填写开具发票当日的日期

拓展贴士 *发票主要联次的用途解说*

记账联是销货方核算销售额和销项税额的主要凭证,即销售方记账凭证。

抵扣联是购货方计算进项税额的证明,由购货方取得该联后,按税务机关的规定,依照取得的时间顺序编号,装订成册,送税务机关备查。

发票联收执方作为付款或收款的原始凭证,属于商事凭证,即购货方记账凭证。

⑫ 种类不同,发票结构有差异

目前,我国增值税发票主要包括五个票种,即数电票、增值税专用发票(含增值税电子专用发票)、增值税普通发票(含电子普通发票、卷式发票、通行费发票)、机动车销售统一发票和二手车销售统一发票,其中,数电票主要包括电子发票(增值税专用发票)、电子发票(普通发票),如图1-10、1-11、1-12、1-13、1-14、1-15、1-16和1-17所示。

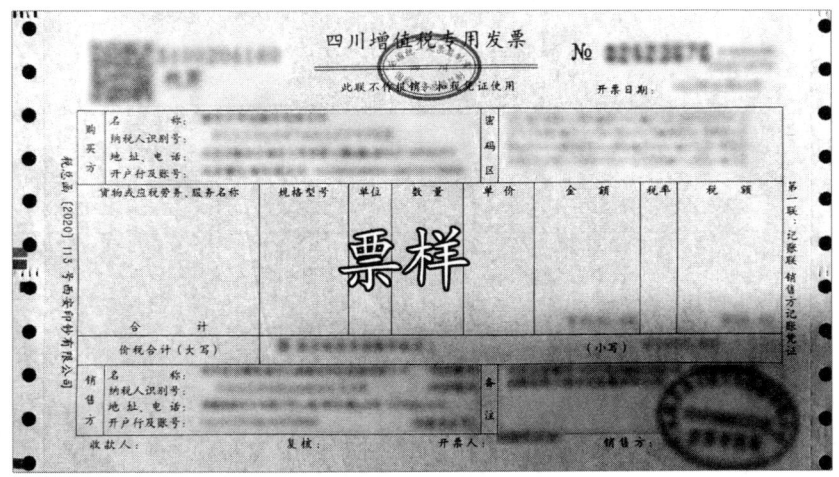

图1-10 增值税专用发票(纸质)

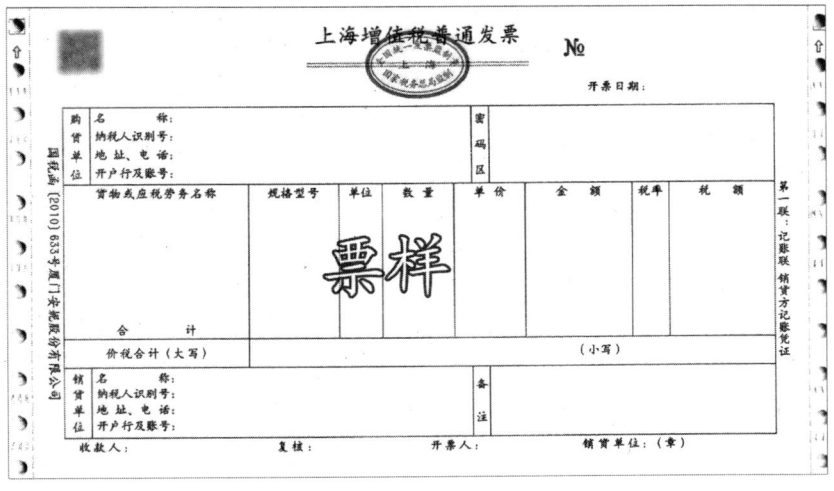

图1-11 增值税普通发票(纸质)

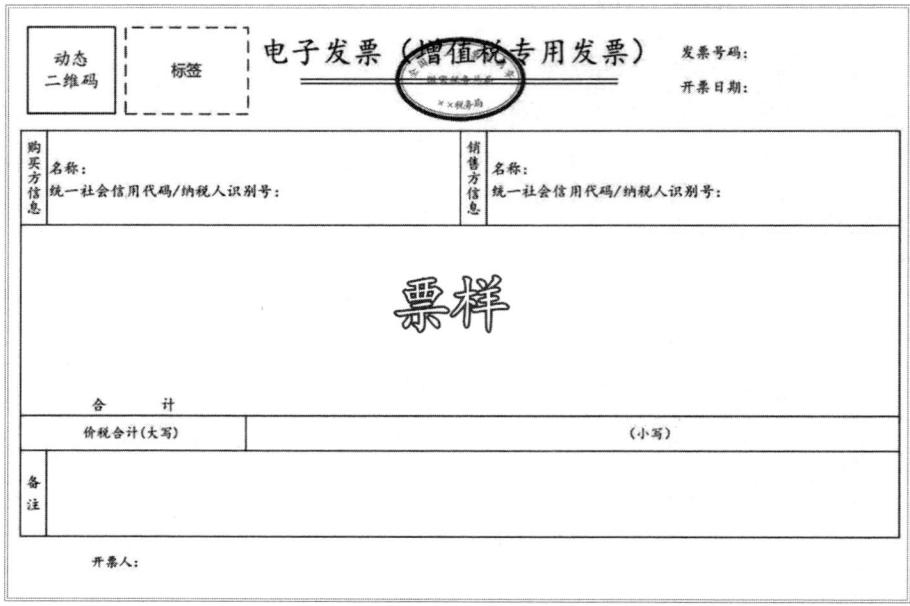

图 1-12 电子发票（增值税专用发票）

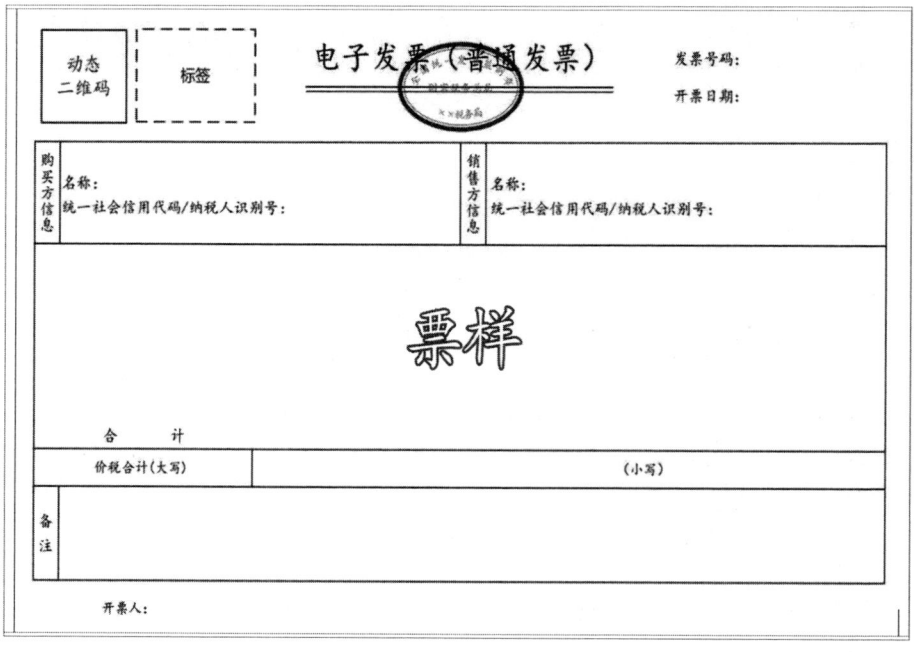

图 1-13 电子发票（增值税普通发票）

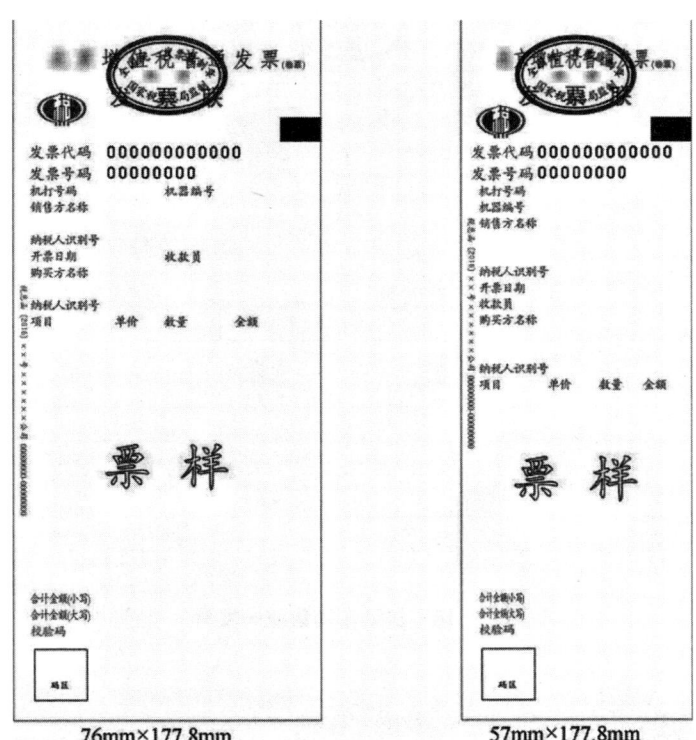

图 1-14 卷式发票

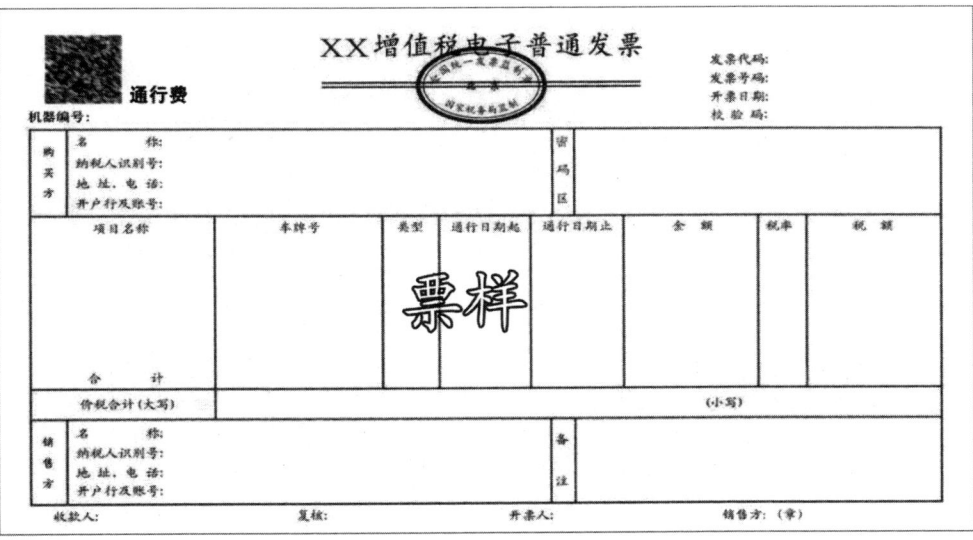

图 1-15 通行费发票

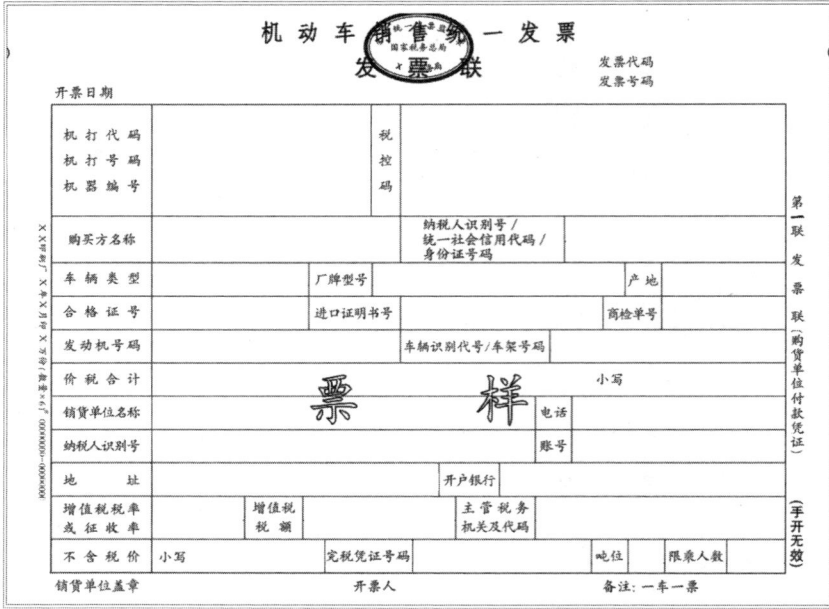

图1-16 机动车销售统一发票

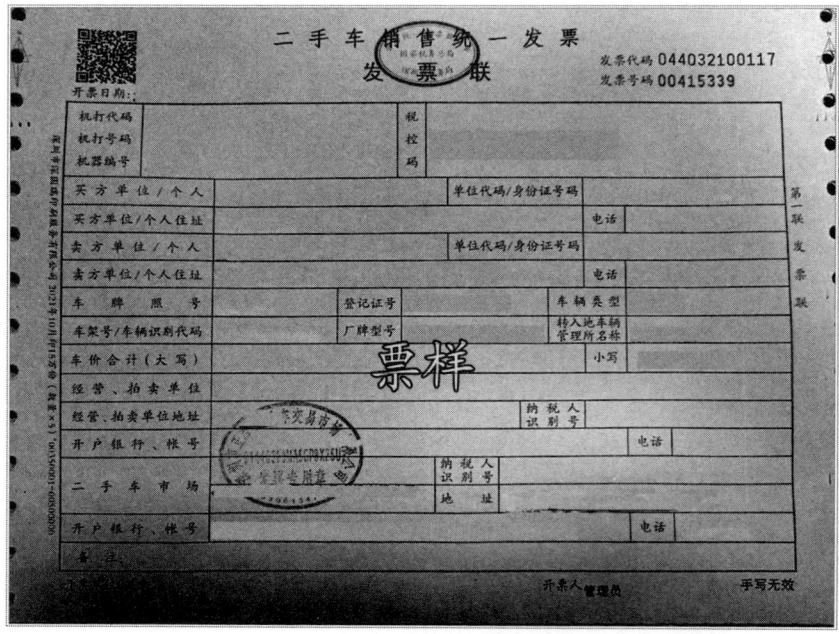

图1-17 二手车销售统一发票

⑬ 发票的使用要经购买与领用手续

税务机关是发票主管机关，管理和监督发票的印制、领购、开具、取得、保管和缴销。

单位和个人在正式开展经营活动前，需向税务机关申请领购发票，然后在经济业务实际发生时，按规定开具、使用和取得发票。

单位和个人在向税务机关申请领购发票时，可申请增量或增版两种形式。增量适用于金额不高，但开票量大的公司，如小商铺、小饭馆等个体工商户；增版适用于客单价高的公司。

那么，纳税人应如何领购发票呢？相关流程如图1-18所示。

```
┌─────────────────────────────────────────────────────┐
│ 企业在办理完税务登记的同时，到当地主管税务机关发票销售 │
│ 窗口，领取发票领购簿，按照经营项目领购发票            │
└─────────────────────────────────────────────────────┘
        ↓ 纳税人首次领购            ↓ 纳税人再次领购
┌──────────────────────┐    ┌──────────────────────┐
│ 办税人员携带票管人员   │    │ 纳税人需携带发票领购簿、│
│ 资格证、经办人居民身份 │    │ 发票领用申请单或企业自印│
│ 证或其他有效证件、发票 │    │ 发票申请单、发票票样等 │
│ 领用申请单或企业自印发 │    │ 证件和资料，按照上一次 │
│ 票申请单、发票票样等证 │    │ 领购的发票存根，先到发 │
│ 件和资料，到当地主管税 │    │ 票销售窗口验旧购新     │
│ 务机关办理            │    │                      │
└──────────────────────┘    └──────────────────────┘
        ↓                           ↓
┌──────────────────────┐    ┌──────────────────────┐
│ 税务机关工作人员审核企 │    │ 税务机关工作人员审核企 │
│ 业办税人员提交的资料和 │    │ 业办税人员提交的资料和 │
│ 证件是否齐全、正确，符 │    │ 证件是否齐全、正确，同 │
│ 合规定的，予以办理发票 │    │ 时看纳税人的验旧购新手 │
│ 领购手续；不符合规定的，│    │ 续是否完成，资料符合规 │
│ 当场一次性告知办税人员 │    │ 定且验旧购新手续完成的，│
│ 补正或重新填写，直至符 │    │ 予以办理新发票的领购手 │
│ 合规定后，再予以办理发 │    │ 续；不符合规定或验旧购 │
│ 票领购手续            │    │ 新手续未完成的，当场一 │
│                      │    │ 次性告知办税人员补正或 │
│                      │    │ 重新填写，并完成验旧购 │
│                      │    │ 新手续，直至符合规定且 │
│                      │    │ 完成验旧购新手续后，再 │
│                      │    │ 予以办理发票领购手续   │
└──────────────────────┘    └──────────────────────┘
```

图 1-18 领购发票的流程

关于发票的开具与使用，要注意以下事项：

①在销售商品、提供劳务以及从事其他经营活动，对外收取款项时，收款方应向付款方开具发票。特殊情况下，由付款方向收款方开具发票。这里的特殊情况是指收购单位和扣缴义务人支付个人款项时，以及国家税务总局认为其他需要由付款方向收款方开具发票的情况。

②开具发票应按照规定的时限、顺序，逐栏、全部联次一次性如实填写，并加盖单位发票专用章。

③使用计算机开具发票的，须经国家税务机关批准，并使用国家税务机关统一监制的机外发票，将开具后的存根联按顺序号装订成册。

④不符合规定的发票，不得作为报销凭证，任何单位和个人都有权拒收。

⑤发票应在有效期内使用，过期应作废。

⑥取得发票的一方，在取得发票时不得要求变更品名和金额。

⑦任何单位和个人不得有图1-19所示的虚开发票行为。

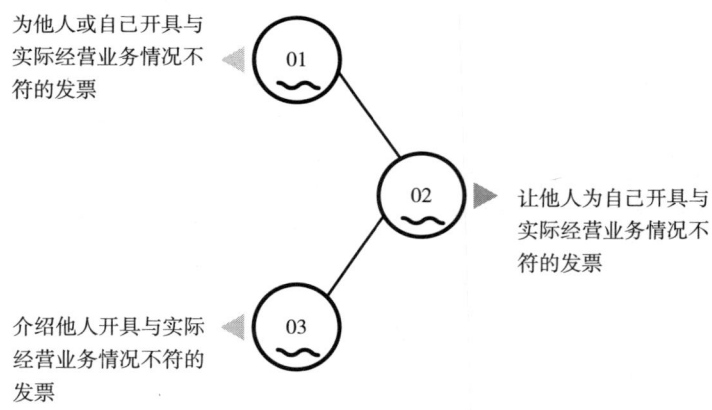

图1-19　虚开发票行为

⑧开具发票的单位和个人应建立发票使用登记制度，设置发票登记簿，并定期向主管税务机关报告发票使用情况。

⑨开具发票的单位和个人应在办理变更或注销税务登记的同时，办理发票和发票领购簿的变更、缴销手续。

⑩开具发票的单位和个人应按照发票管理规定使用发票，不得有图1-20所示的行为。

第一章 夯实税务入门功

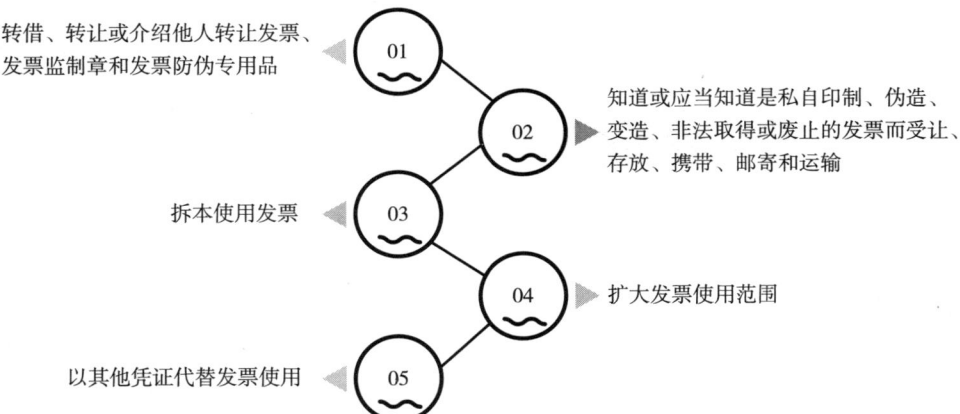

图 1-20　使用发票时不得有的行为

第二章 掌握增值税是重中之重

实务中,你是否经常往返税务机关处理增值税纳税问题?在核算增值税应纳税额时,最终结果是否有算错的情况?是否总感觉税务工作力不从心,尤其是增值税的处理?增值税是我国现行税种当中的一个大税种,计缴比较复杂,所以税务人员总会在工作中犯难。那么,如何才能处理好增值税的计缴工作呢?

- 增值税基础要打牢
- 增值税的进项税额处理
- 增值税的销项税额与应纳税额核算

一、增值税基础要打牢

公司这个月需不需要缴纳增值税？公司能不能享受税收优惠？公司能不能进行增值税销项税额抵扣？开发票的话应该注明的税率是多少？这些问题的答案，都要通过了解增值税的基础知识得到，如纳税义务人和扣缴义务人、征税范围和税率等。

01 增值税的纳税义务人和扣缴义务人

根据《中华人民共和国增值税暂行条例》的规定，在中华人民共和国境内销售货物或者加工、修理修配劳务（以下简称劳务），销售服务、无形资产、不动产以及进口货物的单位和个人，为增值税的纳税人。因纳税人负有纳税义务，所以也称为纳税义务人。

当然，实务中有一些特殊经营方式，其纳税人应遵循相应的特殊规定。

①单位以承包、承租、挂靠方式经营的，承包人、承租人、挂靠人（以下统称承包人）以发包人、出租人、被挂靠人（以下统称发包人）名义对外经营并由发包人承担相关法律责任的，以该发包人为纳税人。否则，以承包人为纳税人。

②资管产品运营过程中发生的增值税应税行为，以资管产品管理人为增值税纳税人。

那么，扣缴义务人又是什么呢？

中华人民共和国境外的单位或个人在境内销售劳务，且在境内未设有经营机构的，以其境内代理人为扣缴义务人；在境内没有代理人的，以购买方为扣缴义务人。简单来说，扣缴义务人是本不属于纳税义务人而负有纳税责任的人。

对于纳税义务人，又会因为纳税人经营规模和会计核算健全程度的不同，分为不同的身份，如图2-1所示。

02 准确纳税需要明确增值税征税范围

增值税的征税范围包括在中华人民共和国境内销售货物或劳务、销售服务、无形资产、不动产以及进口货物等。简单介绍见表2-1。

标准：年应征增值税销售额500万元及以下，或者会计核算不健全的纳税人
年应税销售额是指纳税人在连续不超过十二个月或四个季度的经营期内累计应征增值税销售额，包括纳税申报销售额、稽查查补销售额和纳税评估调整销售额

小规模纳税人　　　　　　　　　　　　　　　　　　　　　一般纳税人

标准：年应税销售额超过财政部、国家税务总局规定的小规模纳税人标准的、会计核算健全的企业和企业性单位
注意：①年应税销售额超过规定标准的其他个人不能认定为一般纳税人
②纳税人登记为一般纳税人后，不得转为小规模纳税人，国家税务总局另有规定的除外

图 2-1　纳税人的不同类型

表 2-1　资产类会计科目表

大范围	细分范围	简　述
销售货物	—	在中国境内销售货物，指销售货物的起运地或所在地在境内。销售货物是有偿转让货物的所有权。货物指有形动产，包括电力、热力、气体在内
销售劳务	—	在中国境内销售劳务，指提供的劳务发生地在境内。销售劳务是指有偿提供加工、修理修配劳务。单位或个体工商户聘用的员工为本单位或雇主提供加工、修理修配劳务的不包括在内。加工指受托加工货物，即委托方提供原料及主要材料，受托方按照委托方的要求制造货物并收取加工费的业务；修理修配指受托方对损伤和丧失功能的货物进行修复，使其恢复原状和功能的业务
销售服务	交通运输服务	指利用运输工具将货物或旅客送达目的地，使其空间位置得到转移的业务活动，包括陆路运输服务、水路运输服务、航空运输服务和管道运输服务。其中，陆路运输服务又包括铁路运输服务和其他陆路运输服务。 注意，航空运输的干租业务（即不提供航空人员，只租飞机）不属于航空运输服务，属于租赁服务
	邮政服务	指中国邮政集团公司及其所属邮政企业提供邮件寄递、邮政汇兑和机要通信等邮政基本服务的业务活动，包括邮政普通服务、邮政特殊服务和其他邮政服务。 邮政普通服务包括函件、包裹等邮件寄递，以及邮票发行、报刊发行和邮政汇兑等业务活动；邮政特殊服务包括义务兵平常信函、机要通信、盲人读物和革命烈士遗物的寄递等业务活动；其他邮政服务包括邮册等邮品销售、邮政代理等业务活动

续上表

大范围	细分范围	简　述
销售服务	电信服务	指利用有线、无线的电磁系统或光电系统等各种通信网络资源，提供语音通话服务，传送、发射、接收或应用图像、短信等电子数据和信息的业务活动，包括基础电信服务和增值电信服务 基础电信服务指利用固网、移动网、卫星、互联网，提供语音通话以及出租或出售带宽、波长等网络元素的业务活动；增值电信服务指利用固网、移动网、卫星、互联网、有线电视网络，提供短信和彩信服务、电子数据和信息的传输及应用服务、互联网接入服务以及卫星电视信号落地转接服务等业务活动
	建筑服务	指各类建筑物、构筑物及其附属设施的建造、修缮、装饰，线路、管道、设备和设施等的安装以及其他工程作业的业务活动，包括工程服务、安装服务、修缮服务、装饰服务和其他建筑服务 包括工程服务、安装服务、修缮服务、装饰服务以及其他建筑服务 工程服务指新建、改建各种建筑物、构筑物的工程作业；安装服务指各种设备、设施的装配、安置工程作业；修缮服务指对建筑物、构筑物进行修补、加固、养护、改善，使其恢复原来的使用价值或延长其使用期限的工程作业；装饰服务指对建筑物、构筑物进行修饰装修，使其美观或具有特定用途的工程作业；其他建筑服务指前述工程作业以外的各种工程作业服务，如钻井、拆除建筑物或构筑物、平整土地、园林绿化、疏浚、建筑物评议、爆破、矿山穿孔以及岩层剥离等
	金融服务	指经营金融保险的业务活动，包括贷款服务、直接收费金融服务、保险服务和金融商品转让 贷款服务指将资金贷给他人使用而取得利息收入的业务活动；直接收费金融服务指为货币资金融通及其他金融业务提供相关服务且收取费用的业务活动，如提供活动兑换、账户管理、电子银行和信托管理等服务；保险服务指投保人根据合同约定，向保险人支付保险费，保险人对于合同约定过的可能发生的事故因其发生所造成的财产损失承担赔偿保险金责任，或当被保险人死亡、伤残、疾病或达到合同约定的年龄、期限等条件时承担给付保险金责任的商业保险行为，包括人身保险服务和财产保险服务；金融商品转让指转让外汇、有价证券、非货物期货和其他金融商品所有权的业务活动，其他金融商品包括基金、信托、理财产品等各类资产管理产品和各种金融衍生品
	现代服务	指围绕制造业、文化产业和现代物流业等提供技术性、知识性服务的业务活动，包括研发和技术服务、信息技术服务、文化创意服务、物流辅助服务、租赁服务、鉴证咨询服务、广播影视服务、商务辅助服务和其他现代服务 研发和技术服务包括研发服务、合同能源管理服务、工程勘察勘探服务、专业技术服务；信息技术服务包括软件服务、电路设计及测试服务、信息系统服务、业务流程管理服务和信息系统增值服务；文化创意服务包括设计服务、知识产权服务、广告服务和会议展览服务；物流辅助服务包括航空服务、港口码头服务、货运客运场站服务、打捞救助服务、装卸搬运服务、仓储服务和收派服务；租赁服务包括融资租赁服务和经营租赁服务

续上表

大范围	细分范围	简　述
销售服务	现代服务	鉴证咨询服务包括认证服务、鉴证服务、咨询服务、翻译服务和市场调查服务；广播影视服务包括广播影视节目（作品）的制作服务、发行服务和播映（含放映）服务；商务辅助服务包括企业管理服务、经纪代理服务、人力资源服务和安全保护服务；其他现代服务指除了前述服务以外的现代服务
	生活服务	指为满足城乡居民日常生活需求提供的各类服务活动，包括文化体育服务、教育医疗服务、旅游娱乐服务、餐饮住宿服务、居民日常服务和其他生活服务 其中，居民日常服务指为满足居民个人及其家庭日常生活需求提供的服务，如市容市政管理、家政、婚庆、养老、殡葬、照料和护理、救助救济、美容美发、按摩、桑拿、足浴、沐浴、洗染和摄影扩印等服务
销售无形资产	—	指转让无形资产所有权或使用权的业务活动。无形资产包括技术、商标、著作权、商誉、自然资源使用权和其他权益性无形资产，如基础设施资产经营权、公共事业特许权、经销权、分销权、代理权和冠名权等
销售不动产	—	指转让不动产所有权的业务活动
进口货物	—	指申报进入中国海关境内的货物
视同销售货物行为	—	①将货物交付其他单位或个人代销 ②销售代销货物 ③设有两个以上机构并实行统一核算的纳税人，将货物从一个机构移送至其他机构用于销售，但相关机构设在同一县（市）的除外 ④将自产或委托加工的货物用于非增值税应税项目 ⑤将自产或委托加工的货物用于集体福利或个人消费 ⑥将自产、委托加工或外购的货物作为投资，提供给其他单位或个体工商户 ⑦将自产、委托加工或外购的货物分配给股东或投资者 ⑧将自产、委托加工或外购的货物无偿赠送其他单位或个人
视同销售服务、无形资产或不动产	—	①单位或个体工商户向其他单位或个人无偿提供服务，但用于公益事业或以社会公众为对象的除外 ②单位或个体工商户向其他单位或个人无偿转让无形资产或不动产，但用于公益事业或以社会公众为对象的除外 ③财政部和国家税务总局规定的其他情形
混合销售	—	指一项销售行为既涉及货物又涉及服务的业务活动。从事货物的生产、批发或零售的单位和个体工商户的混合销售行为，按照销售货物缴纳增值税；其他单位和个体工商户的混合销售行为，按照销售服务缴纳增值税

03 分清增值税税率和征收率

通常来说，一般纳税人计缴增值税时用的是增值税税率，而小规模纳税人计缴增值税时用的是征收率。

（1）增值税税率

增值税税率从大到小依次有 13%、9%、6% 和 0，分别对应不同的业务活动，如图 2-2 所示。

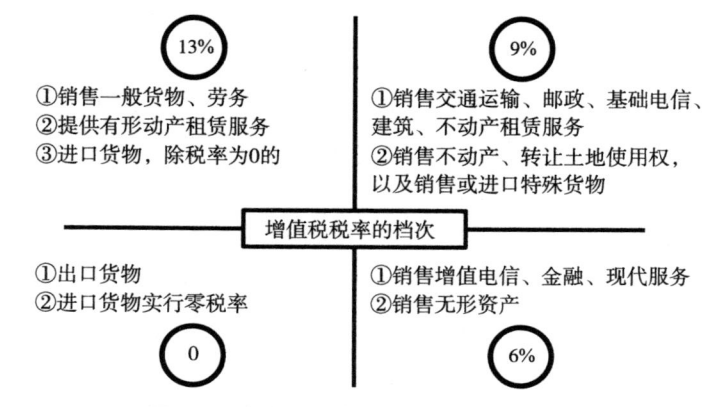

```
            13%                          9%
①销售一般货物、劳务          ①销售交通运输、邮政、基础电信、
②提供有形动产租赁服务           建筑、不动产租赁服务
③进口货物，除税率为0的       ②销售不动产、转让土地使用权，
                                 以及销售或进口特殊货物
            ─────────── 增值税税率的档次 ───────────
①出口货物                    ①销售增值电信、金融、现代服务
②进口货物实行零税率          ②销售无形资产
             0                           6%
```

图 2-2 增值税税率的档次及相关业务活动

> **拓展贴士** *销售或进口的特殊货物有哪些*
>
> 销售或进口的特殊货物，主要是指《中华人民共和国增值税暂行条例》规定的下列货物。
> ①粮食等农产品、食用植物油、食用盐。
> ②自来水、暖气、冷气、热水、煤气、石油液化气、天然气、二甲醚、沼气、居民用煤炭制品。
> ③图书、报纸、杂志、音像制品、电子出版物。
> ④饲料、化肥、农药、农机、农膜。
> ⑤国务院规定的其他货物。
> 这些货物在销售或进口时，按照 9% 的税率征收增值税，而不是 13%。

如果纳税人发生兼营行为，应分别核算适用不同税率或征收率的销售额；未分别核算销售额的，按照以下办法适用税率或征收率：兼有不同税率的销售货物、劳务、服务、无形资产或不动产，从高适用税率；兼有不同征收率的销售货物、劳务、服务、无形资产或不动产，从高适用征收率；兼有不同税率和征收率的销售货物、劳务、服务、无形资产或不动产，从高适用税率。

注意，税率的调整，由国务院决定。

（2）增值税征收率

小规模纳税人以及一般纳税人选择简易办法计税的，征收率为3%，另有规定的除外。关于征收率，主要认识以下具体规定：

①一般纳税人销售自己使用过的属于《中华人民共和国增值税暂行条例》第十条规定，不得抵扣且未抵扣进项税额的固定资产，按简易办法依3%征收率减按2%征收增值税。

②2008年12月31日以前未纳入扩大增值税抵扣范围试点的纳税人，销售自己使用过的2008年12月31日以前购进或自制的固定资产，按简易办法依照3%征收率减按2%征收增值税。

③2008年12月31日以前已纳入扩大增值税抵扣范围试点的纳税人，销售自己使用过的在本地区扩大增值税抵扣范围试点以前购进或自制的固定资产，按简易办法依照3%征收率减按2%征收增值税。

④小规模纳税人（除其他个人外）销售自己使用过的固定资产，减按2%征收率征收增值税。

⑤纳税人销售旧货，按照简易办法依照3%征收率减按2%征收增值税。比如废品回收企业或个体工商户收购二手货后销售。

⑥建筑企业一般纳税人提供建筑服务属于老项目（2016年5月1日前开通的项目，下同）的，可选择简易办法依照3%征收率征收增值税。

除此以外，征收率还有一些特殊规定，如图2-3所示。

二、增值税的进项税额处理

除纳税外，为什么还有增值税进项税额抵扣？到底增值税进项税额是怎么计算的？如何才能准确核算出不同业务涉及的增值税进项税额呢？诸多问题亟待解决。

04 什么是增值税的进项税额

增值税进项税额是指纳税人购进货物或接受应税劳务所支付或负担的增值税税额。它与销项税额是对应关系，即一般纳税人在同一笔经济业务中，销售方收取的销项税额就是购买方支付的进项税额。

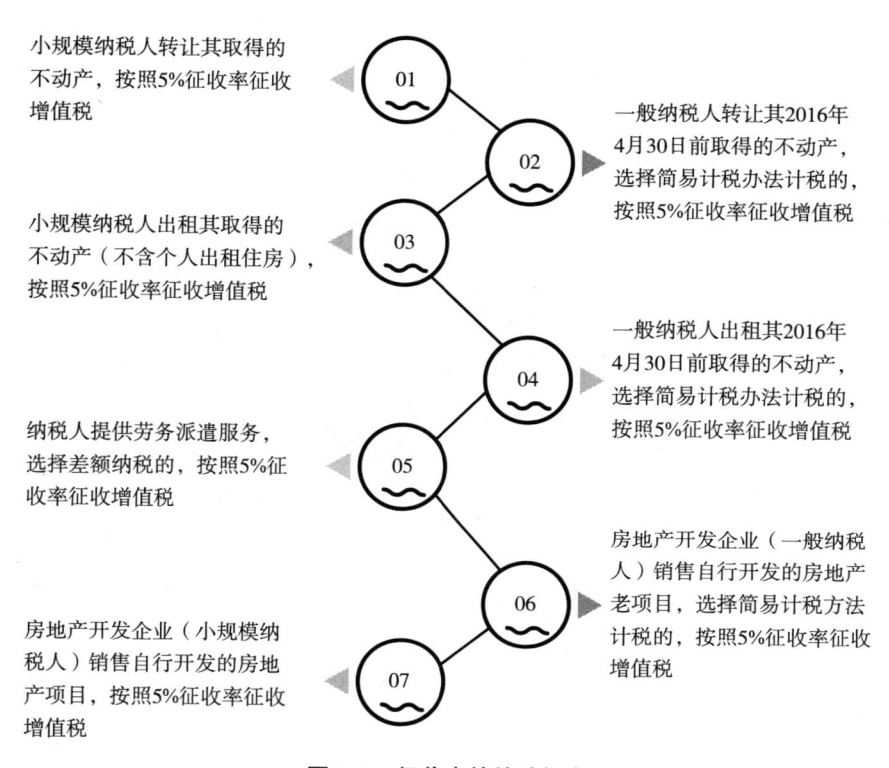

图 2-3 征收率的特殊规定

01 小规模纳税人转让其取得的不动产，按照5%征收率征收增值税

02 一般纳税人转让其2016年4月30日前取得的不动产，选择简易计税办法计税的，按照5%征收率征收增值税

03 小规模纳税人出租其取得的不动产（不含个人出租住房），按照5%征收率征收增值税

04 一般纳税人出租其2016年4月30日前取得的不动产，选择简易计税办法计税的，按照5%征收率征收增值税

05 纳税人提供劳务派遣服务，选择差额纳税的，按照5%征收率征收增值税

06 房地产开发企业（一般纳税人）销售自行开发的房地产老项目，选择简易计税方法计税的，按照5%征收率征收增值税

07 房地产开发企业（小规模纳税人）销售自行开发的房地产项目，按照5%征收率征收增值税

根据《中华人民共和国增值税暂行条例》的规定，下列进项税额准予从销项税额中抵扣。

①从销售方取得的增值税专用发票上注明的增值税额。

②从海关取得的进口增值税专用缴款书上注明的增值税额。

③购进农产品，除取得增值税专用发票或者海关进口增值税专用缴款书外，按照农产品收购发票或者销售发票上注明的农产品买价和9%的扣除率计算的进项税额，国务院另有规定的除外。

④自境外单位或者个人购进劳务、服务、无形资产或者境内的不动产，从税务机关或者扣缴义务人取得的代扣代缴税款的完税凭证上注明的增值税额。

准予抵扣的项目和扣除率的调整，由国务院决定。

如果纳税人购进货物、劳务、服务、无形资产、不动产，取得的增值税扣税凭证不符合法律、行政法规或者国务院税务主管部门有关规定的，其进项税额不得从销项税额中抵扣。另外，还有图 2-4 所示的情形，进项税额不得从销项税额中抵扣。

```
用简易计税方法计税的项目、
免征增值税项目、集体福利         01
或者个人消费的购进货物、
劳务、服务、无形资产和不
动产
                                02    非正常损失的购进货物及相
                                      关的劳务和交通运输服务

非正常损失的在产品、产成
品所耗用的购进货物（不包         03
括固定资产）、劳务和交通
运输服务
                                04    小规模纳税人发生应税销售
                                      行为，实行按照销售额和征
                                      收率计算应纳税额的简易办
                                      法，不得抵扣进项税额
```

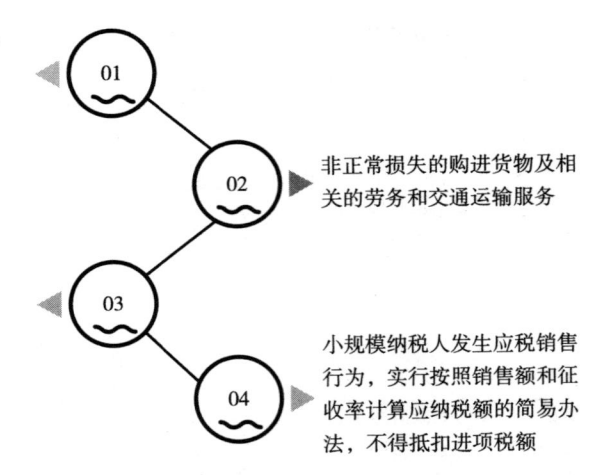

图2-4 进项税额不得从销项税额中抵扣的情形

⑤ 企业对外采购物资核算进项税额

无论是生产性企业因为生产产品而需要购进原材料、固定资产或无形资产，还是商品流通企业因为销售商品而需要购进商品，都属于对外采购物资，此环节会涉及增值税进项税额，均使用下列计算公式计算确定：

进项税额 = 不含税买价 × 适用税率

如果企业为小规模纳税人，则不需要单独核算增值税进项税额，在采购环节直接按照收到的增值税发票上注明的价税合计金额，确认采购物资的入账成本。

如果企业是一般纳税人，则需要单独核算增值税进项税额，在采购环节通过"应交税费——应交增值税（进项税额）"科目进行明细核算。下面来看看具体的例子。

> **实例分析**
>
> **公司采购原材料的增值税进项税额核算**
>
> 某公司为增值税一般纳税人，2×22年6月29日购进一批原材料A，收到的增值税专用发票上注明的不含税价款为53 000.00元，税率为13%，税额为6 890.00元，款项已转账付讫，材料也已验收入库。假设公司采用实际成本进行材料日常核算，财会人员应进行如下账务处理。

增值税进项税额 =53 000.00×13%=6 890.00（元）

借：原材料——A材料　　　　　　　　　　53 000.00
　　应交税费——应交增值税（进项税额）　　6 890.00
　　贷：银行存款　　　　　　　　　　　　　59 890.00

如果该公司为小规模纳税人，则账务处理就会不同，具体如下。

借：原材料——A材料　　　　　　　　　　59 890.00
　　贷：银行存款　　　　　　　　　　　　　59 890.00

如果该公司为一般纳税人，但购进的不是原材料，是直接待售的商品，其他情况不变，则账务处理如下。

借：库存商品　　　　　　　　　　　　　　53 000.00
　　应交税费——应交增值税（进项税额）　　6 890.00
　　贷：银行存款　　　　　　　　　　　　　59 890.00

06 购买固定资产核算进项税额

固定资产是指企业为了生产产品、提供劳务、出租或经营管理而持有的、使用时间超过十二个月的，价值达到一定标准的非货币性资产，包括房屋、建筑物等不动产和机器、机械、运输工具及其他预生产经营活动有关的设备、器具和工具等有形动产。

根据增值税一般纳税人的税率档次对应的项目可知，企业购买固定资产时，对销售方来说，可能出售的是房屋、建筑物等不动产，涉及的增值税税率为6%；也可能出售的是生产设备、运输工具等有形动产，税率就为13%。进行会计核算时具体用哪一个，以收到的增值税专用发票注明的税率为准。下面来看一个简单的例子。

实例分析

为开展生产活动购入一栋厂房时需核算的增值税进项税额

某公司为增值税一般纳税人，为扩大生产力度，2×22年6月30日购入一栋厂房，收到的增值税专用发票上注明的不含税价款为2 800 000.00元，税率为6%，税额为168 000.00元，已支付不含税价款的70%，剩余货款尚未支付。对此，财会人员应做相应账务处理。

  增值税进项税额 =2 800 000.00×6%=168 000.00（元）

  尚未支付的货款金额 =2 800 000.00+168 000.00-1 960 000.00=1 008 000.00（元）

  借：固定资产——厂房   2 800 000.00
    应交税费——应交增值税（进项税额） 168 000.00
   贷：银行存款   1 960 000.00
    应付账款   1 008 000.00

  如果该公司为小规模纳税人，则账务处理如下。

  借：固定资产——厂房   2 968 000.00
   贷：银行存款   1 960 000.00
    应付账款   1 008 000.00

  根据新的政策规定，纳税人外购的不动产应核算的增值税进项税额，不再分两年抵扣，而可以一次性抵扣，因此，上述案例中"应交税费——应交增值税（进项税额）"科目对应的是全部进项税额 168 000.00元。

  如果案例中的公司对外购买的是生产设备，价值为250 000.00元，因其为有形动产，所以收到的增值税专用发票注明的税率为13%，此时财会人员应核算的增值税进行税额如下：

      进项税额 =250 000.00×13%=32 500.00（元）

  注意，如果企业外购的生产设备还需要进行安装，才能达到预定用途，则账务处理时，不能直接将价值计入"固定资产"科目进行核算，而应先通过"在建工程"科目核算购入生产设备的不含税价格，以及安装设备发生的安装费用，最后再将"在建工程"科目的余额转入"固定资产"科目，表示外购需要安装的生产设备的初始入账价值。

07 有能力自行建造厂房该怎么算进项税额

  有些企业资金实力雄厚，决定通过与建筑公司合作来自行建造厂房，此时增值税进项税额的核算又会是另一番光景。而且，这种取得厂房的方式，会涉及"工程物资"和"在建工程"科目的运用。

企业购买的、用来建造厂房的工程物资，需先通过"工程物资"科目进行核算；领用并建造厂房时，将价值从"工程物资"科目转入"在建工程"科目；最后厂房修建完成并达到预定使用状态时，再将价值从"在建工程"科目转入"固定资产——厂房"科目中。下面来看一个具体的例子。

实例分析

公司自行组织施工人员建造厂房的增值税进项税额核算

某公司为增值税一般纳税人，在 2×22 年 7 月 1 日开始自行建造厂房一栋，购入为工程准备的各种物资不含税价款共 88.00 万元，收到的增值税专用发票上注明的税率均为 13%，全部用于工程建设。已知工程人员的工资 18.50 万元，款项均以银行存款付讫。假设 2×22 年 12 月 31 日工程完工并达到预定可使用状态，核算过程中涉及的增值税进项税额，并做相关账务处理。

①公司购入工程物资时，核算增值税进项税额。

进项税额 =880 000.00×13%=114 400.00（元）

借：工程物资	880 000.00
应交税费——应交增值税（进项税额）	114 400.00
贷：银行存款	994 400.00

②建造厂房时领用全部工程物资。

借：在建工程	880 000.00
贷：工程物资	880 000.00

③建造厂房时发生的工程人员工资，确认为厂房的入账价值。

借：在建工程	185 000.00
贷：应付职工薪酬	185 000.00

④厂房建造完成达到预定可使用状态，确认固定资产。

固定资产的入账价值 =880 000.00+185 000.00=1 065 000.00（元）

借：固定资产——厂房	1 065 000.00
贷：应付职工薪酬	1 065 000.00

08 外购无形资产核算进项税额

有些企业的经营范围比较特殊，涉及的产品生产工艺或技术比较高端或者具有特殊性，此时就可能涉及专利技术或者非专利技术的应用。没有研发能力的企业就只能从外部单位购买技术，有研发能力的企业可自行研发，均可取得无形资产。

企业外购无形资产，对销售方来说就是销售无形资产，因此采购方收到的增值税发票上注明的税率通常为6%。那么，外购无形资产涉及的增值税进项税额怎么计算呢？来看一个例子。

实例分析

公司从外单位购入生产用非专利技术要核算增值税进项税额

某公司为增值税一般纳税人，在2×22年6月29日从外单位购入一项非专利技术，取得增值税专用发票上注明的不含税价款为900 000.00元，税率为6%，税额为54 000.00元，款项均以银行存款支付。财会人员需要做如下账务处理：

进项税额 = 900 000.00 × 6% = 54 000.00（元）

借：无形资产——非专利技术　　　　　　　900 000.00
　　应交税费——应交增值税（进项税额）　 54 000.00
　　贷：银行存款　　　　　　　　　　　　　　　　954 000.00

09 公司有实力自行研发生产技术

当公司内部自行研发技术时，发生的支出应区分研究阶段支出和开发阶段支出。通常来说，研究阶段发生的支出均不满足资本化条件，计入"研发支出——费用化支出"科目进行核算。而开发阶段支出可能满足资本化条件，也可能不满足，不满足资本化条件的支出，也计入"研发支出——费用化支出"科目进行核算；满足资本化条件的支出，计入"研发支出——资本化支出"科目进行核算。

这些科目在支出发生时记借方，贷方按照对应的支付方式记"原材料""银行存款"或"应付职工薪酬"等科目；取得增值税专用发票可抵扣进项税额的，借记"应交税费——应交增值税（进项税额）"科目。

研究开发的项目达到预定用途形成无形资产的，应按照"研发支出——资本化支出"科目的余额，借记"无形资产"科目，贷记"研发支出——资本化支出"科目。期末，应将"研发支出——费用化支出"科目归集的金额转入"管理费用"科目。

企业如果无法区分研究阶段支出和开发阶段支出，应将发生的研发支出全部费用化，计入当期损益，即"管理费用"科目的借方。

下面来看一个实际案例。

实例分析

公司自行研发技术涉及的增值税进项税额核算

某公司为增值税一般纳税人，2×22年年初开始自行研发一项技术，截至2×22年6月30日，发生研发支出共220.00万元，取得的增值税专用发票上注明的税率为13%。经测试，该项研发活动完成了研究阶段，从2×22年7月1日起进入开发阶段。2×22年7月1日至本年末共发生开发支出100.00万元，假定均符合开发支出资本化的条件，取得的增值税专用发票上注明的税率为13%。2×22年12月31日，该项研发活动结束，最终开发出一项非专利技术，所有款项均以银行存款付讫。财会人员要做如下账务处理：

① 2×22年6月30日之前发生的研究阶段支出全部费用化。

进项税额 = 2 200 000.00 × 13% = 286 000.00（元）

借：研发支出——费用化支出　　　　　　2 200 000.00

　　应交税费——应交增值税（进项税额）　286 000.00

　贷：银行存款　　　　　　　　　　　　2 486 000.00

② 2×22年7月1日后发生的开发支出全部符合资本化确认条件。

进项税额 = 1 000 000.00 × 13% = 130 000.00（元）

借：研发支出——资本化支出　　　　　　1 000 000.00

　　应交税费——应交增值税（进项税额）　130 000.00

　贷：银行存款　　　　　　　　　　　　1 130 000.00

③ 2×22年年末，技术研发完成并形成无形资产，同时结转前期费用化支出。

```
借：无形资产——非专利技术            1 000 000.00
    贷：研发支出——资本化支出              1 000 000.00
借：管理费用                        2 200 000.00
    贷：研发支出——费用化支出              2 200 000.00
```

⑩ 委托外单位加工核算进项税额

如果企业作为委托方，提供原料和主要材料，请受托方加工货物，由受托方收取加工费，期间就会涉及增值税进项税额的核算。无论委托加工物资收回后是继续用于生产产品还是直接待售，都需要单独核算增值税进项税额。但如果涉及消费税，情况就会不同，该内容将在第三章专门介绍，这里只了解增值税进项税额的处理。

其实，在委托加工业务中，企业作为委托方，涉及增值税进项税额核算的环节就是向受托方支付加工费的环节。而对于受托方来说，提供加工或修理修配劳务，适用增值税税率为13%，所以，委托方收到受托方开具的增值税专用发票上注明的税率应为13%，进项税额计算如下：

$$增值税进项税额 = 不含税加工费 \times 13\%$$

下面来看一个例子。

实例分析

委托外单位加工物资支付加工费并核算增值税进项税额

某公司委托外单位代为加工一批生产用材料，向受托方发出的材料成本为82.00万元，加工费为18.00万元（是非应税消费品，不涉及消费税）。收到受托方开具的增值税专用发票，注明不含税价款180 000.00元，税率13%，材料已经加工完成并由公司仓管部门验收入库，准备用于连续生产产品，但加工费尚未支付。已知该公司采用实际成本法核算原材料，相关账务处理如下：

①委托外单位加工材料，减少原材料，增加委托加工物资。

```
借：委托加工物资                     820 000.00
    贷：原材料                              820 000.00
```

②收到增值税专用发票,但尚未支付加工费。

进项税额 =180 000.00×13%=23 400.00(元)

借:委托加工物资 180 000.00
　　应交税费——应交增值税(进项税额) 23 400.00
　　贷:应付账款 203 400.00

③材料加工完成并入库,准备用于连续生产产品。

委托加工物资转为原材料的入账价值 =820 000.00+180 000.00
　　　　　　　　　　　　　　　　=1 000 000.00(元)

借:原材料 1 000 000.00
　　贷:委托加工物资 1 000 000.00

如果委托加工物资加工完成后收回直接待售,则最后一笔分录如下:

借:库存商品 1 000 000.00
　　贷:委托加工物资 1 000 000.00

三、增值税的销项税额与应纳税额核算

企业在销售活动中需要向购买方开具增值税发票,发票上会注明相应的价款、税率和税额,这一税额就是销项税额。在不考虑抵扣进项税额的情况下,销项税额就是企业需要缴纳的增值税。

⑪ 销售主营商品核算销项税额

当企业对外出售主营商品或产品时,除了要开具增值税发票并核算增值税销项税额,还需要确认主营业务收入,同时结转主营业务成本。注意,对于小规模纳税人来说,不说销项税额,直接说应交增值税。计算公式如下:

当期增值税销项税额 = 当期不含税销售额 × 适用税率

一般纳税人发生的增值税销项税额,通过"应交税费——应交增值税(销项税额)"科目核算;小规模纳税人在销售环节发生的增值税,通过"应交税费——应交增值税"科目核算。下面通过案例来看看销项税额的核算与处理。

实例分析

公司销售主营产品的销项税额核算与处理

某公司为增值税一般纳税人，2×22年6月30日销售一批主营产品，向购买方开具增值税专用发票，注明价款350 000.00元，税率13%，税额45 500.00元。提货单与发票已交给买方，款项尚未收到。已知该批产品实际成本为25.00万元，财会人员根据发票记账联进行如下账务处理。

①开具增值税专用发票，确认收入并核算增值税销项税额。

销项税额 =350 000.00×13%=45 500.00（元）

借：应收账款	395 500.00
贷：主营业务收入	350 000.00
应交税费——应交增值税（销项税额）	45 500.00

②确认收入的同时结转该批产品的成本。

借：主营业务成本	250 000.00
贷：库存商品	250 000.00

如果该公司为增值税小规模纳税人，开出的是征收率为3%的增值税专用发票，在第①步的账务处理中，关于增值税的处理如下。

销售环节增值税税额 =350 000.00×3%=10 500.00（元）

借：应收账款	360 500.00
贷：主营业务收入	350 000.00
应交税费——应交增值税	10 500.00

如果企业在向购买方出售货物时，双方在合同中约定了商业折扣，比如买满多少件送多少件，或者买满多少金额给予百分之几的价格优惠，那么企业在确认收入时，要以扣除折扣金额后的余额作为主营业务收入的入账金额；相应的，增值税销项税额也要以最终确定的主营业务收入金额为基础，乘以适用税率得出。

比如，企业向购买方售出一批不含税价为20.00万元的产品，根据双方合同约定，给予买方2%的价格优惠，税率为13%。那么，企业确认的主营业务收入为19.60万元（20.00-20.00×2%），而不是20.00万元；同时，核算的增值税销项税额为25 480.00元（196 000.00×13%），而不是2.60万元（20.00×13%）。

但如果企业向购买方提供的是现金折扣，如"2/10，1/20，*N*/30"，表示销货方允许客户最长的付款期限为30天，如果客户在10天内付款，销货方可按商品售价给予客户2%的现金折扣；如果客户在11天~20天内付款，销货方可按商品售价给予客户1%的现金折扣；如果客户在21天至30天内付款，将不能享受现金折扣。此时，销售方在确认主营业务收入时，依然以最初的售价为准，后面发生的现金折扣确认为财务费用，记借方。

如企业向购买方出售一批不含税价为20.00万元的产品，双方合同约定现金折扣方案为"2/10，1/20，$N/30$"，开具的增值税专用发票注明税率13%。那么，确认的主营业务收入应该为20.00万元，增值税销项税额为2.60万元（20.00×13%）。假设购买方在10天内付款，则给予2%的价格优惠，即现金折扣金额为4 000.00元（200 000.00×2%），确认为财务费用。

注意，发生现金折扣时，不需要调减增值税销项税额。

如果因为售出商品质量不符合要求而被购买方要求给予售价上的减让，对销售方来说就发生了销售折让。此时，需要按照减让的金额冲减主营业务收入，同时冲减增值税销项税额，但是，不需要冲减主营业务成本。冲减时，做相反的会计分录。

如果因为售出商品质量不符合要求而被购买方要求退货，对销售方来说就发生了销售退回。此时，不仅需要按照减让的金额冲减主营业务收入和增值税销项税额，同时还要冲减这部分退回产品对应的主营业务成本。冲减时，做相反的会计分录。

⑫ 销售原材料核算销项税额

对企业来说，无论原材料是自己生产的，还是从外单位购入的，在多余而无用时，经常会将其出售。出售时，就需要核算增值税销项税额，同时将不含税售价确认为其他业务收入，并且结转原材料的成本，确认为其他业务成本。

下面来看一个具体的例子。

实例分析

多余不用的材料在出售过程中的增值税销项税额处理

某公司为增值税一般纳税人，2×22年7月1日出售一批多余且无用的外购原材料,向购买方开具了增值税专用发票,并注明不含税价款为 15 000.00 元,税率 13%,增值税销项税额 1 950.00 元,款项已由银行收讫。已知该批原材料的实际成本为 11 000.00 元,财会人员要做如下账务处理。

①出售原材料,开具发票,核算销项税额,确认其他业务收入。

销项税额 =15 000.00×13%=1 950.00(元)

借:银行存款 16 950.00
　　贷:其他业务收入 15 000.00
　　　　应交税费——应交增值税(销项税额) 1 950.00

②同时结转这批材料的成本,确认其他业务成本。

借:其他业务成本 11 000.00
　　贷:库存商品 11 000.00

注意,如果该公司外购的原材料用于集体福利,如修建员工食堂、向员工发放节日福利等,那么这样的经济行为不属于视同销售行为,不能确认收入,也不用核算增值税销项税额,但是,需要将领用的原材料对应的增值税进项税额进行转出处理。

比如,某公司为增值税一般纳税人,2×22 年 6 月将一批多余且无用的外购原材料用于发放职工节日福利,实际成本为 11 000.00 元,增值税进项税额已经抵扣,相关增值税专用发票上注明税率为 13%。此时需要做的与税有关的账务处理如下:

需要转出的进项税额 =11 000.00×13%=1 430.00(元)

借:应付职工薪酬——职工福利费 12 430.00
　　贷:原材料 11 000.00
　　　　应交税费——应交增值税(进项税额转出) 1 430.00

当然,如果是企业自产或者委托加工的货物,用于集体福利、个人消费、对外投资、分配各股东或投资者以及无偿赠送给他人单位或个人的,都是视同销售行为,都要核算增值税销项税额。同时,该确认收入的要确认收入,该确认资产的应确认资产,该确认支出的需确认营业外支出等。

⑬ 随商品对外销售单独计价的包装物销项税额

包装物在会计处理中通过"周转材料"科目核算。随商品对外出售而单独计价的包装物，按照实际取得的金额，借记"银行存款"等科目，按其销售收入，贷记"其他业务收入"科目，按增值税专用发票上注明的税额，贷记"应交税费——应交增值税（销项税额）"科目，同时要结转所售包装物的成本，按实际成本计入其他业务成本，借记"其他业务成本"科目。

下面通过一个案例来了解这类包装物的账务处理。

> **实例分析**
>
> **包装物随产品一同出售并单独计价的增值税销项税额核算**
>
> 某公司为增值税一般纳税人，2×22年7月4日出售一批产品，不含税价款共13.00万元，其中单独计价的包装物不含税价款为1.00万元，开出的增值税专用发票分别注明产品与包装物的售价，同时注明税率13%，税额共16 900.00元，款项已存入银行。
>
> 假设产品的成本为8.00万元，包装物的成本为0.60万元，该公司以实际成本法核算产品与包装物，相关账务处理如下：
>
> ①出售产品确认收入，核算增值税销项税额。
>
> 产品的销项税额=（130 000.00－10 000.00）×13%=15 600.00（元）
>
> 借：银行存款　　　　　　　　　　　　　　135 600.00
> 　　贷：主营业务收入　　　　　　　　　　　　120 000.00
> 　　　　应交税费——应交增值税（销项税额）　　15 600.00
>
> ②确认随产品一同出售且单独计价包装物的收入，核算对应的增值税销项税额。
>
> 包装物的销项税额=10 000.00×13%=1 300.00（元）
>
> 借：银行存款　　　　　　　　　　　　　　11 300.00
> 　　贷：其他业务收入　　　　　　　　　　　　10 000.00
> 　　　　应交税费——应交增值税（销项税额）　　1 300.00
>
> ③结转产品与包装物的成本。
>
> 借：主营业务成本　　　　　　　　　　　　80 000.00
> 　　贷：库存商品　　　　　　　　　　　　　　80 000.00
> 借：其他业务成本　　　　　　　　　　　　6 000.00
> 　　贷：周转材料——包装物　　　　　　　　　6 000.00

如果包装物随产品或商品一起出售，但不单独计价，则包装物不需要确认收入，但包装物对应的成本应计入销售费用。比如上述案例中的包装物，假设随同产品一起出售，但不单独计价，成本仍然为0.60万元，产品售价为12.00万元。此时，产品的账务处理参考案例中执行，而包装物的成本要确认销售费用。

借：销售费用　　　　　　　　　　　　　　6 000.00
　　贷：周转材料——包装物　　　　　　　　　6 000.00

⑭ 对外出售固定资产核算销项税额

如果企业破产，或者搬地址了，原来的办公楼、厂房或者生产设备就都不要了吗？闲置的生产设备如果没有再被使用的可能，也放在那里不管不问吗？

当然不是。生产设备还应尽可能地转移位置，办公楼、厂房等不动产无法搬迁，只能做出售处理。那么，企业如果要出售固定资产，会不会涉及增值税的处理呢？答案是肯定的。

出售固定资产时，企业需要先将固定资产的账面价值转入清理；然后核算发生的清理费用以及收到的出售固定资产的价款，如果有残料回收入库，还要增加原材料账面价值；接着将涉及的保险赔偿做账务处理；最后将出售固定资产的清理净损益进行结转。

由于出售固定资产通常是经营原因导致的，因此，净损益计入"资产处置损益"科目进行核算；如果是因台风、火灾等非正常原因导致的出售固定资产，净损益应计入营业外收支。

在这一系列账务处理过程中，发生清理费用时可能涉及增值税的处理，收回出售固定资产的价款时也会涉及增值税处理。

如果收到保险公司赔款时还收到了增值税专用发票，同时符合抵扣条件，也会涉及增值税处理。

下面通过一个具体的案例来了解固定资产出售过程中增值税的处理。

实例分析

出售闲置不用的厂房需要核算增值税

某公司为增值税一般纳税人，2×22年7月5日出售一栋2×16年4月

30日以后建成的厂房，原价为250.00万元，已计提折旧180.00万元，未计提减值准备。实际出售价格为95.00万元，增值税税率为9%，收到增值税专用发票，税额为85 500.00元，款项已存入银行。在出售过程中，发生清理费用1.00万元，收到增值税专用发票，注明税率13%，款项已用银行存款付讫，财会人员应做如下账务处理：

①出售时，将固定资产的账面价值转入清理。

借：固定资产清理　　　　　　　　　　　　　700 000.00
　　累计折旧　　　　　　　　　　　　　　　1 800 000.00
　　贷：固定资产　　　　　　　　　　　　　2 500 000.00

②支付清理费用，收到增值税专用发票，核算进项税额。

进项税额=10 000.00×13%=1 300.00（元）

借：固定资产清理　　　　　　　　　　　　　10 000.00
　　应交税费——应交增值税（进项税额）　　1 300.00
　　贷：银行存款　　　　　　　　　　　　　11 300.00

③收到出售固定资产的价款和税款，核算销项税额。

销项税额=950 000.00×9%=85 500.00（元）

借：银行存款　　　　　　　　　　　　　　　1 035 500.00
　　贷：固定资产清理　　　　　　　　　　　950 000.00
　　　　应交税费——应交增值税（销项税额）85 500.00

④结转出售固定资产实现的净损益。

"固定资产清理"科目借方发生额合计710 000.00元（700 000.00+10 000.00），贷方发生额合计950 000.00元，余额在贷方，共240 000.00元，说明该公司出售该厂房获得了净收益24.00万元。

借：固定资产清理　　　　　　　　　　　　　240 000.00
　　贷：资产处置损益　　　　　　　　　　　240 000.00

⑮ 接受外单位委托加工核算销项税额

接受外单位委托加工，与委托外单位加工是相对应的经济业务，企业站在了受托方，向委托方收取加工费，因此就会涉及增值税销项税额的处理。

企业作为受托方，在收到委托方发来的材料时不需要做账，只需要在备查账簿中进行备查登记即可。在加工过程中，对于发生的相关费用和人工成本，借记"生产成本"科目，贷记"原材料——辅助材料"和"应付职工薪酬"等科目。加工完成后将货物交付给委托方时，确认加工的劳务收入，贷记"主营业务收入"或"其他业务收入"科目，同时还要结转成本，借记"主营业务成本"或"其他业务成本"科目，贷记"生产成本"科目。

下面来看一个具体的案例。

实例分析

接受外单位委托加工商品收取加工费并核算销项税额

某公司为增值税一般纳税人，2×22年7月6日与某单位签订委托加工合同，约定由委托方提供主要原材料，本公司提供辅助材料，并收取加工费21.50万元。已知公司当天就收到委托单位发来的材料并开始生产，在加工过程中，使用辅助材料价值5.20万元，职工薪酬共发生7.40万元，所有款项均已结算完毕，商品也按时交付给委托方，并向委托方开具增值税专用发票，注明税率13%。假设该公司受托加工物资不是主营业务，相关账务处理如下：

①加工过程中领用辅助材料，发生人工成本，核算生产成本。

借：生产成本　　　　　　　　　　　　　　　126 000.00
　　贷：原材料——辅助材料　　　　　　　　　52 000.00
　　　　应付职工薪酬　　　　　　　　　　　　74 000.00

②加工完成后，交付商品，确认其他业务收入，同时结转成本。

销项税额 =215 000.00×13%=27 950.00（元）

借：银行存款　　　　　　　　　　　　　　　242 950.00
　　贷：其他业务收入　　　　　　　　　　　　215 000.00
　　　　应交税费——应交增值税（销项税额）　27 950.00
借：其他业务成本　　　　　　　　　　　　　126 000.00
　　贷：生产成本　　　　　　　　　　　　　　126 000.00

⑯ 接受委托代销商品需不需要核算销项税额

当企业接受外单位委托，为其代销商品时，是不是就不需要核算增值税销项税额了呢？实务工作告诉我们，这样的业务也要涉及销项税额的处理。

企业在收到委托方寄售的商品时，要做账务处理；代销过程也要做账务处理，并核算增值税销项税额；收到委托方开具的增值税专用发票时，要核算增值税进项税额，同时核算应付给委托方的代销商品款；实际向委托方递交代销商品款并收到委托方支付的代销手续费时，要确认本企业的收入，一般为其他业务收入，同时核算增值税销项税额。

下面通过一个具体案例来了解接受委托代销商品的税额核算与处理。

实例分析

接受外单位委托代销商品的销项税额核算处理

某公司为增值税一般纳税人，2×22 年 7 月 7 日与某单位签订委托代销商品合同，当天收到委托方送来的商品 300 件，每件成本 80.00 元，合同约定公司应按每件 120.00 元对外销售，委托方按售价的 10% 向公司支付代销手续费。公司对外实际销售 200 件，开出增值税专用发票，注明不含税销售价款 24 000.00 元，税率 13%，款项均以银行存款收讫。公司向委托方递交了代销清单，收到委托方开具的一张相同金额的增值税专用发票，而公司向委托方开具了提供代销服务的增值税专用发票，注明不含税价款为 2 400.00 元（24 000.00×10%），税率为 6%。公司采用进价金额核算法来核算代销商品，相关税费计算和账务处理如下：

①收到委托方发来的商品，确认受托代销商品。

受托代销商品价值 =300×120.00=36 000.00（元）

借：受托代销商品　　　　　　　　　　　　　36 000.00

　　贷：受托代销商品款　　　　　　　　　　　36 000.00

②对外代销 200 件商品，冲减受托代销商品，核算销项税额。

冲减的受托代销商品价值 =200×120.00=24 000.00（元）

销项税额 =24 000.00×13%=3 120.00（元）

借：银行存款　　　　　　　　　　　　　　　27 120.00

　　贷：受托代销商品　　　　　　　　　　　　24 000.00

　　　　应交税费——应交增值税（销项税额）　3 120.00

③收到委托方开具的增值税发票，递交代销商品款，核算进项税额。

借：受托代销商品款　　　　　　　　　　　　　24 000.00
　　应交税费——应交增值税（进项税额）　　　 3 120.00
　　贷：银行存款　　　　　　　　　　　　　　27 120.00

④向委托方开具代销商品的增值税专用发票，收到代销手续费，核算其他业务收入和销项税额。

代销手续费 =24 000.00×10%=2 400.00（元）
销项税额 =2 400.00×6%=144.00（元）

借：银行存款　　　　　　　　　　　　　　　　 2 544.00
　　贷：其他业务收入　　　　　　　　　　　　 2 400.00
　　　　应交税费——应交增值税（销项税额）　　 144.00

注意，实际经营过程中，受托方与委托方之间进行的委托代销业务，还可能是由受托方赚取差价来实现盈利，而不是收取委托方支付的代销手续费。

⑰ 当期增值税应纳税额要算明白

在计算当期增值税应纳税额时，一般纳税人和小规模纳税人是有区别的。其中，一般纳税人通常使用一般计税方法，涉及的计算公式如下：

当期增值税应纳税额 = 当期销项税额 − 当期进项税额
当期销项税额 = 当期销售额 × 适用税率
当期销售额 = 当期含税销售额 ÷（1+ 适用税率）

下面以简单的案例来了解增值税应纳税额的计算。

实例分析

计算公司当期增值税应纳税额

某公司为增值税一般纳税人，2×22年6月共发生含税销售额72.50万元，开具的增值税专用发票均注明税率为13%；当月共发生27.40万元的含税采购价款，收到的增值税专用发票也都注明税率13%。假设所有进项税额均可抵扣，那么该公司6月实际应缴纳多少增值税税款呢？

不含税采购价款 =274 000.00÷（1+13%）≈ 242 477.88（元）

进项税额 =242 477.88×13% ≈ 31 522.12（元）

不含税销售额 =725 000.00÷（1+13%）≈ 641 592.92（元）

销项税额 =641 592.92×13% ≈ 83 407.08（元）

当月增值税应纳税额 =83 407.08−31 522.12=51 884.96（元）

所以，该公司 2×22 年 6 月实际应缴纳 51 884.96 元的增值税税款，即进行纳税申报时应缴纳的税款。

如果是小规模纳税人，在计算当期增值税应纳税额时，用下列公式：

当期增值税应纳税额 = 当期销售额 × 征收率

当期销售额 = 当期含税销售额 ÷（1+ 征收率）

下面同样通过一个简单的案例来掌握其算法。

实例分析

小规模纳税人计算当期增值税应纳税额

某公司为小规模纳税人，2×22 年 6 月共发生含税销售额 72.50 万元，开具的增值税发票均注明征收率为 3%；当月共发生 27.40 万元的含税采购价款。那么该公司 6 月纳税申报时应缴纳多少增值税税款呢？

由于小规模纳税人计税方法不涉及进项税额抵扣，因此采购环节向销售方支付的增值税税款全部计入采购货物的入账成本，不单独核算。

当期销售额 =725 000.00÷（1+3%）=703 883.50（元）

销项税额 =703 883.50×3%=21 116.51（元）

所以，该公司 2×22 年 6 月进行纳税申报时需要缴纳的增值税税款为 21 116.51 元。

第三章　学透消费税和附加税费

公司在进行税务登记时，若被告知还要进行消费税的缴纳？这就说明公司的经营范围涉及特殊应税消费品。在进行纳税申报时，若还要填写附加税费项目？则说明你的公司当月有实际缴纳的增值税税额，或者既有实际缴纳的增值税税额，也有实际缴纳的消费税税额。本章将主要介绍消费税和附加税费。

- 经营特殊应税消费品应缴纳消费税
- 附加税费随流转税一同缴纳

一、经营特殊应税消费品应缴纳消费税

公司是否需要缴纳消费税？消费税应纳税额要怎么核算？无法直接获取计税依据的情况下，又怎么计算消费税呢？要解决这些问题，需要了解最基本的消费税征税范围和税率。

ⓞ① 了解消费税的征税范围

消费税是以消费品的流转额为征税对象的一种税，它的征收环节单一，多在生产环节或进口环节缴纳。

消费税是典型的间接税，也是价内税，它作为产品价格的一部分存在，税款最终由消费者承担。

根据《中华人民共和国消费税暂行条例》的规定，在中华人民共和国境内生产、委托加工和进口消费品的单位和个人，以及国务院确定的销售应税消费品的其他单位和个人，为消费税的纳税人，应按规定缴纳消费税。

那么，消费税的征税范围是怎样的呢？如图 3-1 所示。

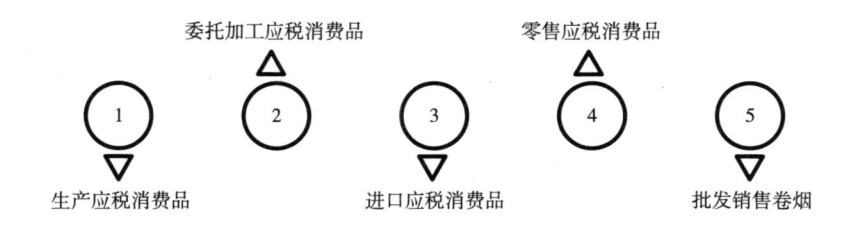

图 3-1 消费税的征税范围

对于上述五大征税范围，详细说明见表 3-1。

表 3-1 消费税征税范围详解

征税范围	详　解
生产应税消费品	在纳税人销售应税消费品时纳税 ①纳税人自产自用应税消费品的，用于连续生产应税消费品的，不纳税；用于生产非应税消费品、在建工程、提供劳务、捐赠、赞助和职工福利等其他方面的，在移送使用时纳税 ②工业企业以外的单位和个人将外购的消费税非应税产品以消费税应税产品对外销售的，或者将外购的消费税低税率应税产品以高税率应税产品对外销售的，也视为应税消费品的生产行为，需按规定缴纳消费税

续上表

征税范围	详解
委托加工应税消费品	这里的委托加工应税消费品，是指由委托方提供原料和主要材料，受托方只收取加工费和代垫部分辅助材料加工的应税消费品。委托加工的应税消费品，除受托方为个人外，由受托方在向委托方交货时代收代缴消费税。委托个人加工的应税消费品，由委托方收回后缴纳消费税 委托加工的应税消费品，委托方用于连续生产应税消费品的，由受托方代收代缴的消费税，可准予委托方按规定抵扣
进口应税消费品	在报关进口时缴纳消费税。为了减少征税成本，进口环节缴纳的消费税由海关代征
零售应税消费品	在零售环节征收消费税，主要包括如下两大类 ①商业零售金银首饰，仅限于金基、银基合金首饰及金、银和金基、银基合金的镶嵌首饰，后增加钻石及钻石饰品、铂金首饰等。其中，还有一些业务视同零售业，如为经营单位以外的单位和个人加工金银首饰、经营单位将金银首饰用于馈赠、赞助、集资、广告样品、职工福利和奖励等方面 ②零售超豪华小汽车
批发销售卷烟	烟草消费税在生产和批发两个环节征收。也就是说，批发企业在计算应纳税额时不得扣除已含的生产环节的消费税税款。但是，烟草批发企业将卷烟销售给其他烟草批发企业的，不缴纳消费税

02 消费税的具体应税税目

要想准确核算并缴纳消费税，必然需要熟悉消费税的具体应税税目，大致有十五个，见表3-2。

表3-2　消费税的应税税目

类别			简述
烟	卷烟	甲类卷烟	指每标准条（200支）调拨价格在70元（不含增值税）以上（含70元）的卷烟
		乙类卷烟	指每标准条（200支）调拨价格在70元（不含增值税）以下的卷烟
	雪茄烟	—	包括各种规格、型号的雪茄烟
	烟丝	—	包括以烟叶为原料加工生产的不经卷制的散装烟
酒	白酒	粮食白酒	指以高粱、玉米、大米、糯米、大麦、小麦和青稞等各种粮食为原料，经过糖化、发酵后，采用蒸馏方法酿制的白酒
		薯类白酒	指以白薯（红薯、地瓜）、木薯、马铃薯、芋头和山药等各种干鲜薯类为原料，经过糖化、发酵后，采用蒸馏方法酿制的白酒。另外，用甜菜酿制的白酒，比照薯类白酒征税

续上表

类	别		简 述
酒	黄酒	—	指以糯米、粳米、籼米、大米、黄米、玉米、小麦和薯类等为原料，经加温、糖化、发酵、压榨酿制的酒，包括各种原料酿制的黄酒和酒度超过12度（含12度）的土甜酒
	啤酒	—	分为甲类啤酒和乙类啤酒，指以大麦或其他粮食为原料，加入啤酒花，经糖化、发酵、过滤酿制的含有二氧化碳的酒
	其他酒	—	指除粮食白酒、薯类白酒、黄酒和啤酒以外的各种酒，包括糠麸白酒、其他原料白酒、土甜酒、复制酒、果木酒、汽酒、药酒和葡萄酒等。注意，调味料酒不征收消费税
高档化妆品			指生产或进口环节销售（完税）价格（不含增值税）在10元/毫升（克）或15元/片（张）及以上的高档美容、修饰类化妆品和高档护肤类化妆品，以及成套化妆品。注意，舞台、戏剧、影视演员化妆用的上妆油、卸妆油和油彩，不属于本税目
贵重首饰及珠宝玉石	金银首饰、铂金首饰和钻石及钻石饰品		以金、银、白金、宝石、珍珠、钻石、翡翠、珊瑚和玛瑙等高贵稀有物质及其他金属、人造宝石等制作的各种纯金银首饰和镶嵌首饰，含人造金银首饰与合成金银首饰
	其他贵重首饰和珠宝玉石		宝石坯、钻石、珍珠、松石、青金石、欧泊石、橄榄石、长石、玉、石英、玉髓、石榴石、锆石、尖晶石、黄玉、碧玺、金禄玉、绿柱石、刚玉、合成刚玉、琥珀、珊瑚、煤玉、龟甲、合成玉石、双合石及玻璃仿制品等
鞭炮、焰火			包括各种鞭炮、焰火，如喷花类、旋转类、旋转升空类、火箭类、吐珠类、线香类、小礼花类、烟雾类、造型玩具类、爆竹类、摩擦炮类、组合烟花类、礼花弹类等。注意，体育上用的发令纸、鞭炮药引线不按本税目征收
成品油	汽油	—	指用原油或其他原料加工生产的辛烷值不小于66的可用作汽油发动机燃料的各种轻质油，另外还包括以汽油、汽油组分调和生产的甲醇汽油、乙醇汽油
	柴油	—	指用原油或其他原料加工生产的凝点或倾点在 −50 ℃~30 ℃的可用作柴油发动机燃料的各种轻质油和以柴油组分为主、经调和精制可用作柴油发动机燃料的非标油，另外还包括以柴油、柴油组分调和生产的生物柴油
	石脑油	—	又叫化工轻油，是以石油加工生产的或二次加工汽油经加氢精制而得的用于化工原料的轻质油，具体包括除汽油、柴油、溶剂油和航空煤油以外的轻质油
	溶剂油	—	以石油加工生产的用于涂料、油漆生产、食用油加工、印刷油墨、皮革、农药、橡胶、化妆品生产的轻质油
	航空煤油	—	也叫喷气燃料，是以石油加工生产的用于喷气发动机和喷气推进系统中作为能源的石油燃料

续上表

类别			简述
成品油	润滑油	—	是用于内燃机、机械加工过程的润滑产品，分为矿物性润滑油、植物性润滑油、动物性润滑油和化工原料合成润滑油，另外还有矿物性润滑油基础油
	燃料油	—	也称重油、渣油，包括用于电厂发电、船舶锅炉燃料、加热炉燃料、冶金和其他工业炉燃料的各类燃料油等
摩托车			包括气缸容量250毫升和气缸容量在250毫升以上的摩托车
小汽车（不包括沙滩车、雪地车、卡丁车、高尔夫车）	乘用车	—	是在设计和技术特性上用于载运乘客和货物的汽车，包括含驾驶员座位在内最多不超过9个座位（含）。另外还包括用排气量小于15升（含）的乘用车底盘（车架）改装、改制的车辆
	中轻型商用客车	—	是在设计和技术特性上用于载运乘客和货物的汽车，包括含驾驶员座位在内的座位数为10~23座（含）。另外还包括用排气量大于15升的乘用车底盘（车架）或中轻型商用客车底盘（车架）改装、改制的车辆。注意，含驾驶员人数为区间值（如10~23人）的小汽车，按其区间值下限人数确定征收范围
	超豪华小汽车	—	是每辆零售价格为130万元（不含增值税）及以上的乘用车和中轻型商用客车
高尔夫球及球具			包括高尔夫球、高尔夫球杆及高尔夫球包（袋）、高尔夫球杆的杆头及杆身和握把
高档手表			指销售价格（不含增值税）每只在10 000元（含）以上的各类手表
游艇			指长度大于8米小于90米，船体由玻璃钢、钢、铝合金、塑料等多种材料制作，可以在水上移动的水上浮载体，分为无动力艇、帆艇和机动艇
木制一次性筷子			指以木材为原料经过锯断、浸泡、旋切、刨切、烘干、筛选、打磨、倒角和包装等环节加工而成的各类一次性使用的筷子
实木地板			指以木材为原料，经锯割、干燥、刨光、截断、开榫和涂料等工序加工而成的块状或条状的地面装饰材料，包括实木地板、实木指接地板和实木复合地板等
电池			包括原电池、蓄电池、燃料电池、太阳能电池和其他电池
涂料			指涂于物体表面能形成具有保护、装饰或特殊性能的固态涂膜的一类液体或固体材料的总称

03 熟悉消费税的税率

消费税税率采取比例税率和定额税率两种形式，有些税目还适用复合税率，即既需要按照比例税率征税，同时还要按照定额税率征税。但一般情况下，对一种消费品只选择一种税率形式。消费税各应税税目对应的税率情况见表3-3（2023年版）。

表3-3　消费税税目税率

税　　目	具体阐述
一、烟	
1. 卷烟	
（1）甲类卷烟	56% 加 0.003 元 / 支（生产环节）
（2）乙类卷烟	36% 加 0.003 元 / 支（生产环节）
（3）批发环节	11% 加 0.005 元 / 支
2. 雪茄烟	36%
3. 烟丝	30%
4. 电子烟	36%（批发环节 11%）
二、酒	
1. 白酒	20% 加 0.5 元 /500 克（或者 500 毫升）
2. 黄酒	240 元 / 吨
3. 啤酒	
（1）甲类啤酒	250 元 / 吨
（2）乙类啤酒	220 元 / 吨
4. 其他酒	10%
三、高档化妆品	15%
四、贵重首饰及珠宝玉石	
1. 金银首饰、铂金首饰和钻石及钻石饰品	5%
2. 其他贵重首饰和珠宝玉石	10%
五、鞭炮、焰火	15%
六、成品油	
1. 汽油	1.52 元 / 升
2. 柴油	1.20 元 / 升

续上表

税　　目	具体阐述
3. 石脑油	1.52 元 / 升
4. 溶剂油	1.52 元 / 升
5. 航空煤油	1.20 元 / 升
6. 润滑油	1.52 元 / 升
7. 燃料油	1.20 元 / 升
七、摩托车	
1. 气缸容量（排气量，下同）250 毫升（含 250 毫升）以下的	3%
2. 气缸容量在 250 毫升（不含）以上的	10%
八、小汽车	
1. 乘用车	
（1）汽缸容量在 1.0 升（含 1.0 升）以下的	1%
（2）汽缸容量在 1.0 升至 1.5 升（含 1.5 升）的	3%
（3）汽缸容量在 1.5 升至 2.0 升（含 2.0 升）的	5%
（4）汽缸容量在 2.0 升至 2.5 升（含 2.5 升）的	9%
（5）汽缸容量在 2.5 升至 3.0 升（含 3.0 升）的	12%
（6）汽缸容量在 3.0 升至 4.0 升（含 4.0 升）的	25%
（7）汽缸容量在 4.0 升以上的	40%
2. 中轻型商用客车	5%
3. 超豪华小汽车	10%（零售环节）
九、高尔夫球及球具	10%
十、高档手表	20%
十一、游艇	10%
十二、木制一次性筷子	5%
十三、实木地板	5%
十四、电池	4%
十五、涂料	4%

④ 不同情形下消费税应纳税额的计算

消费税的计征可能发生在生产、自产自用、委托加工以及进口等环节，而且其计征方法主要有三种：从价计征、从量计征和从价从量复合计征。下面先来看三种计征方式下销售额和销售数量的确定方法，如图 3-2 所示。

从价计征–销售额	从量计征–销售量	复合计征
销售额指纳税人销售应税消费品向购买方收取的全部价款和价外费用，不包括应向购买方收取的增值税税款。价外费用包括价外向购买方收取的手续费、补贴、基金、违约金、滞纳金、赔偿金、代收款项和运输装卸费等	销售量指纳税人生产、加工和进口应税消费品的数量。生产应税消费品的，为销售数量；自产自用应税消费品的，为移送使用数量；委托加工应税消费品的，为收回的数量；进口应税消费品的，为海关核定的进口征税数量	主要涉及卷烟和白酒的消费税计征。销售额为纳税人生产销售卷烟、白酒向购买方收取的全部价款和价外费用。销售数量为纳税人生产销售、进口、委托加工、自产自用卷烟、白酒的销售数量、海关核定数量、委托方收回数量等

图 3-2　三种计征方式下销售额和销售数量的确定方法

> **拓展贴士** *特殊情形下应税消费品的销售额和销售数量的确定*
>
> 纳税人应税消费品的计税价格明显偏低且无正当理由的，由税务机关核定计税价格。其中，卷烟、白酒和小汽车的计税价格由国家税务总局核定，送财政部备案；其他应税消费品的计税价格由省、自治区和直辖市税务局核定；进口应税消费品的计税价格由海关核定。
>
> 纳税人通过自设非独立核算门市部销售的自产应税消费品，应按照门市部对外销售额或销售数量征收消费税。
>
> 白酒生产企业向商业销售单位收取的"品牌使用费"是随着应税白酒的销售而向购买方收取的，属于应税白酒销售价款的组成部分。因此，不论企业采取何种方式或以何种名义收取价款，均应将该费用并入白酒的销售额中缴纳消费税。
>
> 实行从价计征办法征收消费税的应税消费品连同包装销售的，无论包装物是否单独计价以及在会计上如何核算，均应并入应税消费品的销售额中缴纳消费税。但如果包装物不作价随同产品销售，而是收取押金，则此项押金不应并入应税消费品的销售额中征税。而因逾期未收回的包装物不再退还的或已收取的时间超过 12 个月的押金，应并入应税消费品的销售额，缴纳消费税。酒类生产企业销售酒类产品而收取的包装物押金，无论押金是否返还及会计上如何核算，均应并入酒类产品销售额，征收消费税。

（1）生产销售环节

在生产销售环节，不同的消费税计征方法会运用到不同的计算公式，具体如下：

①实行从价定率计征消费税。

消费税应纳税额 = 销售额 × 比例税率

②实行从量定额计征消费税。

消费税应纳税额 = 销售数量 × 定额税率

③实行从价定率和从量定额复合方法计征消费税。

消费税应纳税额 = 销售额 × 比例税率 + 销售数量 × 定额税率

下面来看一些具体的例子。

实例分析

生产销售环节不同征收方式下的消费税处理

【例1】

某木地板制造厂为增值税一般纳税人，2×22年7月4日向某建材公司销售一批实木地板，取得含增值税销售额为22.60万元。已知实木地板适用的增值税税率为13%，消费税税率为5%。计缴该制造厂该批建材应缴纳的消费税税额。暂不考虑成本问题，假设款项均已收到。

根据相关法律法规的规定，生产销售实木地板实行从价计征消费税。

①不含增值税销售额 = 226 000.00 ÷（1+13%）= 200 000.00（元）

②应纳消费税税额 = 200 000.00 × 5% = 10 000.00（元）

③应纳增值税税额 = 200 000.00 × 13% = 26 000.00（元）

借：银行存款	236 000.00
贷：主营业务收入	200 000.00
应交税费——应交增值税（销项税额）	26 000.00
——应交消费税	10 000.00

【例2】

某石化公司2×22年7月售出汽油1 200吨，柴油800吨。已知汽油1吨=1 355升，柴油1吨=1 176升；汽油定额税率为1.52元/升，柴油定额税率为1.20元/升。计算该公司7月应缴纳的消费税税额。

①汽油消费税应纳税额 =1 200×1 355×1.52=2 471 520.00（元）

②柴油消费税应纳税额 =800×1 176×1.20=1 128 960.00（元）

③应交消费税合计 =2 471 520.00+1 128 960.00=3 600 480.00（元）

由于出售汽油、柴油均属于石化公司的主营业务，因此按照与【例1】相同的方法做主营业务收入和税额核算的账务处理。这里不再赘述。

【例3】

某白酒生产商2×22年7月共出售自产白酒8吨，不含增值税售价为160.00万元。假设白酒1斤=500毫升，白酒适用复合计征办法征收消费税，比例税率为20%，定额税率为0.50元/500毫升。计算该白酒生产商7月应缴纳的消费税税额。

8吨=8 000千克=16 000斤

①定额税率计征消费税税额 =16 000×0.50=8 000.00（元）

②比例税率计征消费税税额 =1 600 000.00×20%=320 000.00（元）

消费税应纳税额合计 =8 000.00+320 000.00=328 000.00（元）

（2）自产自用

在自产自用经济业务中，企业自产自用的应税消费品如果用于连续生产应税消费品，则生产环节不缴纳消费税；如果用于其他方面，在移送使用时按照纳税人生产的同类消费品的销售价格计算纳税，没有同类消费品销售价格做参考的，按照组成计税价格计算纳税。相关计算公式如下：

①实行从价定率办法计征消费税。

组成计税价格 =（成本＋利润）÷（1－消费税比例税率）

消费税应纳税额 =组成计税价格×消费税比例税率

②实行复合计税办法计征消费税。

组成计税价格 =（成本＋利润＋自产自用数量×定额税率）÷（1－消费税比例税率）

消费税应纳税额 =组成计税价格×消费税比例税率＋自产自用数量×定额税率

下面通过具体的例子，看看消费税的处理。

实例分析

自产自用业务在不同征收方式下的消费税处理

【例1】

某木地板制造厂为增值税一般纳税人，2×22年6月将自产的实木地板作为过节福利发放给员工使用，该类实木地板没有同类产品市场销售价格。已知该批实木地板生产成本为18.50万元，成本利润率为5%，消费税税率为5%。计缴该制造厂该批建材应缴纳的消费税税额。

①组成计税价格=（185 000.00+185 000.00×5%）÷（1-5%）

≈204 473.68（元）

②应纳消费税税额=204 473.68×5%≈10 223.68（元）

【例2】

某石化公司2×22年7月将自产的一批汽油和柴油作为员工福利发放给员工使用，汽油1 200吨，柴油800吨。已知汽油1吨=1 355升，柴油1吨=1 176升；汽油定额税率为1.52元/升，柴油定额税率为1.20元/升。计算该公司7月自产自用的汽油和柴油应缴纳的消费税税额。

由于汽油和柴油实行定额税率征收消费税，因此不涉及价格，消费税应纳税额的计算方法与生产销售环节相同，如下所示。

①汽油消费税应纳税额=1 200×1 355×1.52=2 471 520.00（元）

②柴油消费税应纳税额=800×1 176×1.20=1 128 960.00（元）

③应交消费税合计=2 471 520.00+1 128 960.00=3 600 480.00（元）

【例3】

某白酒生产商2×22年6月将自产的白酒8吨用作员工福利发放给员工饮用。假设白酒1斤=500毫升，该批白酒的生产成本为125.00万元，成本利润率为10%，没有同类产品市场销售价格。适用消费税比例税率为20%，定额税率为0.50元/斤。计算这批自产自用白酒应缴纳的消费税税额。

8吨=8 000千克=16 000斤

①组成计税价格=（1 250 000.00+1 250 000.00×10%+8×1 000×2×0.50）÷（1-20%）=1 728 750.00（元）

②消费税应纳税额=1 728 750.00×20%+8×1 000×2×0.50

=353 750.00（元）

（3）委托加工情形

企业发生委托加工应税消费品业务的，按照受托方的同类消费品的销售价格计算纳税，参考生产销售环节处理办法；没有同类消费品销售价格的，按照组成计税价格计算纳税。相关计算公式如下：

①实行从价定率办法计征消费税。

组成计税价格=（材料成本+加工费）÷（1-消费税比例税率）

消费税应纳税额=组成计税价格×消费税比例税率

②实行复合计税办法计征消费税。

组成计税价格=（材料成本+加工费+委托加工数量×定额税率）÷（1-消费税比例税率）

消费税应纳税额=组成计税价格×消费税比例税率+委托加工数量×定额税率

下面来看看具体的例子，了解消费税在委托加工环节的处理。

实例分析

委托加工物资业务在不同征收方式下的消费税处理

【例1】

某木地板制造厂为增值税一般纳税人，2×22年7月由于生产紧张，于是决定委托外单位加工一批实木地板。制造厂向另一厂商发送生产物料，总价值为14.60万元，同时向其支付不含增值税加工费6.20万元。已知该厂商没有同类实木地板销售价格，消费税税率为5%。计算该制造厂应向厂商缴纳多少消费税税额。

①组成计税价格=（146 000.00 +62 000.00）÷（1-5%）
≈218 947.37（元）

②消费税应纳税额=218 947.37×5%≈10 947.37（元）

【例2】

某石化公司2×22年7月委托同行单位加工一批汽油和柴油，汽油1 200吨，柴油800吨。已知汽油1吨=1 355升，柴油1吨=1 176升；汽油定额税率为1.52元/升，柴油定额税率为1.20元/升。计算该公司7月委托外单位加工汽油和柴油需要缴纳的消费税。

由于汽油和柴油均实行从量计征办法计缴消费税，不涉及价格，因此消费税的计算方法与生产销售环节相同，这里不再重复介绍。

【例3】

某白酒生产商2×22年6月委托其他酒厂加工生产8吨白酒，向受托单位提供价值为100.00万元的原材料，另支付加工费26.50万元。假设白酒1斤=500毫升，没有同类产品市场销售价格。适用消费税比例税率为20%，定额税率为0.50元/毫升。计算这批委托加工的白酒需要缴纳多少消费税。

①组成计税价格=（1 000 000.00+265 000.00+8×1 000×2×0.50）÷（1-20%）=1 591 250.00（元）

②消费税应纳税额=1 591 250.00×20%+8×1 000×2×0.50
　　　　　　　=326 250.00（元）

（4）进口环节

纳税人进口应税消费品的，按组成计税价格和规定的税率计算应纳税额。相关计算公式如下：

①实行从价定率征收消费税。

组成计税价格=（关税完税价格+关税）÷（1-消费税比例税率）

消费税应纳税额=组成计税价格×消费税比例税率

②实行复合计税办法计征消费税。

组成计税价格=（关税完税价格+关税+进口数量×定额税率）÷（1-消费税比例税率）

消费税应纳税额=组成计税价格×消费税比例税率+进口数量×定额税率

上述公式中所称的"关税完税价格"是指海关核定的关税完税价格。

进口环节的消费税，除国务院另有规定外，一律不得给予减税、免税。

下面来看一些简单的例子。

> **实例分析**

进口应税消费品在不同征收方式下的消费税处理

【例1】

某实木地板销售商为增值税一般纳税人，2×22年7月从国外进口一批实木地板，经海关核定的关税完税价格为100.00万元，进口关税为40.00万元。已知实木地板的消费税税率为5%，计算该销售商进口实木地板需要缴纳的消费税。

①组成计税价格 =（100.00+40.00）÷（1−5%）≈ 147.37（万元）

②消费税应纳税额 =1 473 700.00×5%=73 685.00（元）

【例2】

某石化公司2×22年7月从国外进口汽油1 200吨，柴油800吨。已知汽油的关税完税价格为人民币3 000.00元/吨，柴油的关税完税价格为人民币4 000.00元/吨。假设汽油1吨=1 355升，柴油1吨=1 176升；汽油定额税率为1.52元/升，柴油定额税率为1.20元/升。计算该公司7月进口汽油和柴油需要缴纳的消费税。

由于汽油和柴油均实行从量计征办法计缴消费税，不涉及价格，因此这里不需要换算进口汽油和柴油的组成计税价格。

①汽油的消费税应纳税额 =1 200×1 355×1.52=2 471 520.00（元）

②柴油的消费税应纳税额 =800×1 176×1.20=1 128 960.00（元）

【例3】

某白酒生产商2×22年6月订单生产紧张，于是从国外进口一批白酒共8吨。已知海关核定的这批白酒的关税完税价格为53.33万元，关税税率为30%，消费税比例税率为20%，定额税额为0.50元/毫升。假设白酒1斤=500毫升，计算该生产商进口这批白酒需要缴纳多少消费税。

①关税 =533 300.00×30%=159 990.00（元）

②组成计税价格 =（533 300.00+159 990.00+8×1 000×2×0.50）÷（1−20%）=876 612.50（元）

③消费税应纳税额 =876 612.50×20%+8×1 000×2×0.50=183 322.50（元）

综上所述可以知道，当应税消费品实行从价计征办法或复合计税办法计征时，会因为情形的不同，而存在较复杂的消费税应纳税额的核算。相比之下，实行从量计征办法的应税消费品，各情形之间消费税应纳税额的计缴没有明显的差别。这是因为有些情形在从价计征方式下需要核算组成计税价格，因此核算方法会明显不同。

另外还需要注意的是，在进行消费税账务处理时，能够抵扣的消费税，在会计处理时可单独用"应交税费——应交消费税"科目核算；不能抵扣且实际需要缴纳的消费税，通常计入应税消费品的入账价值。下面通过一个实例来理解这一概念。

实例分析

委托加工应税消费品的两种消费税核算处理

某公司 2×22 年 7 月委托外单位代加工一批应交消费税的材料（非金银首饰）。公司向受托方交付的材料实际成本为 100.00 万元，加工费为 20.00 万元，增值税税率为 13%，由受托方代收代缴消费税，税率为 5%。材料已经加工完成，并由公司验收入库，所有款项均已支付。公司按实际成本法进行材料的核算。相关账务处理如下。

① 如果委托加工材料收回后继续用于生产应税消费品，则委托加工环节由受托方代收代缴的消费税可予以抵扣，即委托加工环节不缴纳消费税。

组成计税价格 =（1 000 000.00+200 000.00）÷（1-5%）≈ 1 263 157.89（元）

消费税应纳税额 =1 263 157.89×5% ≈ 63 157.89（元）

增值税进项税额 =200 000.00×13%=26 000.00（元）

借：委托加工物资	1 000 000.00
贷：原材料	1 000 000.00
借：委托加工物资	200 000.00
应交税费——应交增值税（进项税额）	26 000.00
——应交消费税	63 157.89
贷：银行存款	289 157.89

最终原材料入账价值 =1 000 000.00+200 000.00=1 200 000.00（元）

```
借：原材料                              1 200 000.00
    贷：委托加工物资                     1 200 000.00
```

②如果委托加工材料收回后直接对外出售，则由受托方代收代缴的消费税不能扣除，算作委托方需要缴纳的消费税。此时账务处理会不同，主要是将消费税税额计入委托加工物资的入账价值。

```
借：委托加工物资                        1 000 000.00
    贷：原材料                          1 000 000.00
委托加工环节的委托加工物资入账价值 =200 000.00+63 157.89
                              =263 157.89（元）
借：委托加工物资                         263 157.89
    应交税费——应交增值税（进项税额）      26 000.00
    贷：银行存款                         289 157.89
最终收回直接销售的应税消费品入账价值 =1 000 000.00+263 157.89
                                =1 263 157.89（元）
借：原材料                              1 263 157.89
    贷：委托加工物资                    1 263 157.89
```

从案例计算结果和账务处理可以看出，企业发生委托加工应税消费品的经济业务时，如果收回的货物还要用于连续生产应税消费品，则委托加工环节由受托方代收代缴的消费税可单独通过"应交税费——应交消费税"科目进行核算，不计入最终加工完成物资的入账价值；如果收回的货物直接用于对外销售，则委托加工环节由受托方代收代缴的消费税就不能单独通过"应交税费——应交消费税"科目核算，而应计入最终加工完成物资的入账价值。

二、附加税费随流转税一同缴纳

企业应缴纳的附加税费，是根据核算出的应交增值税和应交消费税来确定，还是根据实际缴纳的增值税和消费税来确定呢？可能还有很多人搞不清楚附加税费的计税依据，甚至还有人不知道附加税费包含哪些税、哪些费，而这些却是作为增值税纳税人必须要懂的内容。

05 承担城市维护建设，缴纳城建税

在本书第一章的内容中，我们初步知道了城市维护建设税的征缴目的是筹集城镇设施建设和维护资金。根据城市维护建设税的纳税人可知，在中华人民共和国境内缴纳增值税和消费税的单位和个人，都要缴纳城建税，承担城市维护建设的责任。

城市维护建设税实行差别比例税率，按照纳税人所在地区的不同，设置了三档比例税率，如图3-3所示。

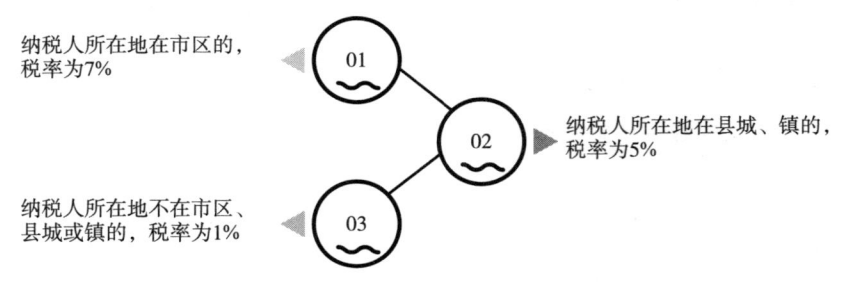

- 01 纳税人所在地在市区的，税率为7%
- 02 纳税人所在地在县城、镇的，税率为5%
- 03 纳税人所在地不在市区、县城或镇的，税率为1%

图 3-3　城市维护建设税的税率

这里所称"纳税人所在地"，是指纳税人住所地或与纳税人生产经营活动相关的其他地点，具体地点由省、自治区、直辖市确定。

注意，由受托方代扣代缴、代收代缴增值税、消费税的单位和个人，其代扣代缴、代收代缴的城市维护建设税按受托方所在地适用税率执行。流动经营等无固定纳税地点的单位和个人，在经营地缴纳增值税、消费税的，其城市维护建设税的缴纳按经营地适用税率执行。

城市维护建设税的计税依据为纳税人实际缴纳的增值税、消费税税额，以及出口货物、劳务或跨境销售服务、无形资产增值税免抵税额。换句话说，如果企业出口货物，即使增值税实行免抵，但对应的城市维护建设税不能享受免抵，需要将免抵的增值税一起作为城市维护建设税的计税依据。

06 核算城市维护建设税的应纳税额

城市维护建设税的应纳税额的计算，用下列公式：

应纳税额 = 实际缴纳增值税、消费税税额和出口货物、劳务或跨境销售服务、无形资产增值税免抵税额 × 适用税率

下面来看一个简单的例子。

> **实例分析**
>
> **核算公司当月应缴纳的城市维护建设税税额**
>
> 某公司位于某市城区内，2×22年6月应缴纳增值税75 000.00元，实际缴纳增值税62 000.00元；应缴纳消费税54 000.00元，实际缴纳消费税50 000.00元。没有出口业务，适用城市维护建设税税率为7%，计算该公司当月应纳城市维护建设税税额。
>
> 城市维护建设税应纳税额＝（62 000.00+50 000.00）×7%=7 840.00（元）
>
> ①计提当月应纳城市维护建设税。
>
> 借：税金及附加　　　　　　　　　　　　　　　　　　7 840.00
> 　　贷：应交税费——应交城市维护建设税　　　　　　　　7 840.00
>
> ②实际缴纳城市维护建设税税款。
>
> 借：应交税费——应交城市维护建设税　　　　　　　　7 840.00
> 　　贷：银行存款　　　　　　　　　　　　　　　　　　7 840.00
>
> 该公司的城市维护建设税按月计征，因此每月都要做如上会计分录。

07 认识并核算教育费附加和地方教育附加

根据相关行政法规的规定，凡是缴纳增值税、消费税的单位和个人，都应按照规定缴纳教育费附加和地方教育附加。由此可见，教育费附加和地方教育附加的征收范围与增值税、消费税的征收范围相同。

教育费附加和地方教育附加都要以纳税人实际缴纳的增值税、消费税税额之和为计费依据。其中，教育费附加的费率为3%，而地方教育附加的费率为2%。应纳税额的计算分别如下。

应纳教育费附加＝实际缴纳增值税、消费税税额之和×3%

应纳地方教育附加＝实际缴纳增值税、消费税税额之和×2%

实例分析

核算公司当月应缴纳的教育费附加和地方教育附加

某公司位于某市城区内，2×22年6月实际缴纳增值税62 000.00元，实际缴纳消费税50 000.00元。适用教育费附加费率3%，地方教育附加费率2%，计算该公司当月应纳教育费附加和地方教育附加。

应纳教育费附加和地方教育附加＝（62 000.00+50 000.00）×（3%+2%）＝5 600.00（元）

该账务处理与城市维护建设税的账务处理类似，只需要将"应交税费"科目的明细科目换成"教育费附加"和"地方教育附加"即可。

第四章　处理好所得税，护各方利益

经营中的企业，是不是只交增值税或消费税就行了呢？如果是这样，为什么还有大部分企业感觉税负过重？同样的，劳动者个人每月与公司出纳人员核实工资数额时，为什么有应发工资和实发工资的区别呢？这是因为企业经营所得还需要缴纳企业所得税，而个人劳动者的工资收入在符合纳税条件时，也需要缴纳个人所得税。这两个税种处理不好，会影响企业和劳动者的个人利益。

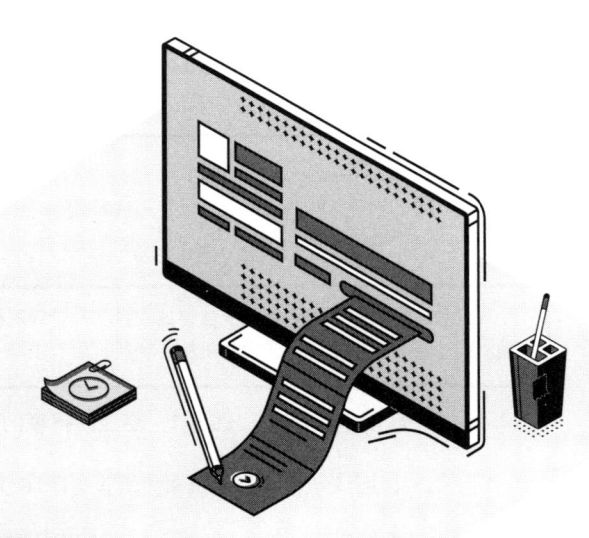

- 正确处理企业所得税保护公司利益
- 正确处理个人所得税保护个人利益

一、正确处理企业所得税保护公司利益

你知道什么是企业所得税吗？个体工商户需不需要缴纳企业所得税呢？公司需要按照多少税率计缴企业所得税？什么是应纳税所得额？什么又是税前扣除项目？如果只是知道有企业所得税这么一个概念，办税人员恐怕还不能顺利地完成自己的工作。

⑴ 分清企业所得税的不同纳税人

根据《中华人民共和国企业所得税法》的规定，在中华人民共和国境内，企业和其他取得收入的组织（以下统称企业）为企业所得税的纳税人，依照本法的规定缴纳企业所得税。

注意，个人独资企业和合伙企业不适用企业所得税法。

由于企业分为居民企业和非居民企业，因此，企业所得税的纳税人也分为这两大类，如图 4-1 所示。

居民企业指依法在中国境内成立，或依照外国（地区）法律成立但实际管理机构在中国境内的企业

居民企业　　　　　　　　　非居民企业

非居民企业指依照外国（地区）法律成立且实际管理机构不在中国境内，但在中国境内设立机构、场所的，或者在中国境内未设立机构、场所，但有来源于中国境内所得的企业

图 4-1　企业所得税的两类纳税人

注意，非居民企业委托营业代理人在中国境内从事生产经营活动的，包括委托单位和个人经常代其签订合同，或者储存、交付货物等，该营业代理人视为非居民企业在中国境内设立的机构、场所。

居民企业承担的是全面纳税义务，换句话说，居民企业应就其来源于中国境内、境外的所得缴纳企业所得税。而非居民企业承担的是有限纳税义务，即非居民企业就其来源于中国境内的所得以及发生在中国境外但与其所设机构、场所有实际联系的所得，缴纳企业所得税。

02 了解企业所得税的征税对象和税率

企业所得税的征税对象，可统称为"应纳税所得额"。但因为具体的征税对象有差异，所以应纳税所得额的数量大小也会有差异。

另外，企业所得税的税率会因为征税对象的不同而不同，本节将结合征税对象来介绍企业所得税的税率。

（1）居民企业的征税对象和税率

居民企业的企业所得税征税对象为其来源于中国境内、境外的所得，具体包括销售货物所得、提供劳务所得、特许权使用费所得、转让财产所得、股息红利等权益性投资所得、利息所得、租金所得、接受捐赠所得和其他所得，具体见表4-1。

表 4-1 居民企业征税对象

征税对象	说　明
销售货物所得	也称销售货物收入，指企业销售商品、产品、原材料、包装物、低值易耗品和其他存货所取得的收入
提供劳务所得	也称提供劳务收入，指企业从事建筑安装、修理修配、交通运输、仓储租赁、金融保险、邮电通信、咨询经纪、文化体育、科学研究、技术服务、教育培训、餐饮住宿、中介代理、卫生保健、社区服务、旅游、娱乐及其他劳务服务活动所取得的收入
特许权使用费所得	也称特许权使用费收入，指企业提供专利权、非专利技术、商标权、著作权和其他特许权的使用权所取得的收入
转让财产所得	也称转让财产收入，指企业转让固定资产、生物资产、无形资产、股权和债权等财产所取得的收入
股息、红利等权益性投资所得	指企业因权益性投资从被投资方取得的收入
利息所得	也称利息收入，指企业将资金提供给他人使用但不构成权益性投资，或因他人占用本企业资金所取得的收入，包括存款利息、贷款利息、债券利息和欠款利息等
租金所得	也称租金收入，指企业提供固定资产、包装物或其他有形资产的使用权所取得的收入
接受捐赠所得	也称接受捐赠收入，指企业接受的来自其他企业、组织或个人无偿给予的货币性资产、非货币性资产
其他所得	也称其他收入，指企业取得《中华人民共和国企业所得税法》具体列举的收入外的其他收入，包括企业资产溢余收入、逾期未退包装物押金收入、确实无法偿付的应付款项、已作坏账损失处理后又收回的应收款项、债务重组收入、补贴收入、违约金收入和汇兑收益等

居民企业适用的企业所得税税率通常为25%。

（2）非居民企业的征税对象和税率

非居民企业的征税对象要分两种情况确认。

非居民企业在中国境内设立机构、场所的，其征税对象为其所设机构、场所取得的来源于中国境内的所得，以及发生在中国境外但与其所设机构、场所有实际联系的所得。

这类征税对象，对应的企业所得税税率与居民企业一样，通常都是25%。

非居民企业在中国境内未设立机构、场所的，或虽设立机构、场所但取得的所得与其所设机构、场所没有实际联系的，其征税对象就只是来源于中国境内的所得。

这类征税对象，对应的企业所得税税率通常为20%。

03 重点计算应纳税所得额

企业所得税的计税依据是应纳税所得额，它主要是指企业每一纳税年度的收入总额，减去不征税收入、免税收入、各项扣除和允许弥补的以前年度亏损后的余额。用计算公式表示如下。

应纳税所得额 = 收入总额 − 不征税收入 − 免税收入 − 各项扣除 − 以前年度亏损

企业所得税的应纳税所得额的计算，以权责发生制为原则，也就是说，属于当期的收入和费用，无论款项是否收付，均作为当期的收入和费用；相应的，不属于当期的收入和费用，即使款项已经在当期收付，也不作为当期的收入和费用。在计算应纳税所得额时，企业财务会计处理办法与税收法律法规的规定不一致的，应依照税收法律法规的规定计算。

上述计算公式中，"收入总额"就是上一小节表格中列举的各种所得。那么，什么是不征税收入和免税收入呢？从概念来区分，如图4-2所示。

不征税收入是指从性质和根源上不属于企业营利性活动带来的经济利益、不作为应纳税所得额组成部分的收入。

不征税收入　　　　　　免税收入

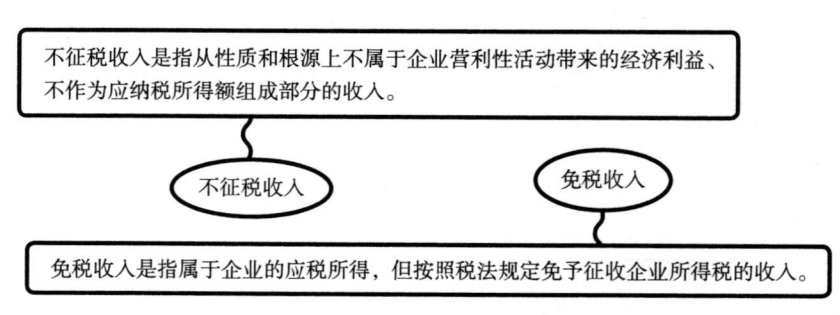

免税收入是指属于企业的应税所得，但按照税法规定免予征收企业所得税的收入。

图4-2 不征税收入和免税收入

哪些属于不征税收入？哪些又属于免税收入呢？见表 4-2。

表 4-2 不征税收入和免税收入的具体项目

项　目	细分项目	说　明
不征税收入	财政拨款	指各级人民政府对纳入预算管理的事业单位、社会团体等组织拨付的财政资金，但国务院和国务院财政、税务主管部门另有规定的除外。县级以上人民政府将国有资产无偿划入企业，凡指定专门用途并按规定进行管理的，企业可作为不征税收入进行企业所得税处理
	行政事业性收费、政府性基金	主要指依法收取并纳入财政管理的行政事业性收费和政府性基金。 行政事业性收费指依照法律法规等有关规定，按照国务院规定程序批准，在实施社会公共管理以及在向公民、法人或其他组织提供特定公共服务过程中，向特定对象收取并纳入财政管理的费用。政府性基金指企业依照法律、行政法规等有关规定，代政府收取的具有专项用途的财政资金
	国务院规定的其他不征税收入	指企业取得的，由国务院财政、税务主管部门规定专项用途并经国务院批准的财政性资金
免税收入	国债利息收入	指企业持有国务院财政部门发行的国债所取得的利息收入
	居民企业之间的股息、红利等权益性投资收益	具体应是符合条件的居民企业之间的股息、红利等权益性投资收益，指居民企业直接投资于其他居民企业所取得的投资收益
	非居民企业的股息、红利等权益性投资收益	具体应是在中国境内设立机构、场所的非居民企业从居民企业取得与该机构、场所有实际联系的股息、红利等权益性投资收益。但是，不包括连续持有居民企业公开发行并上市流通的股票不足 12 个月所取得的投资收益
	非营利组织的收入	具体是符合条件的非营利组织从事非营利性活动所取得的收入，它不包括非营利组织从事营利性活动所取得的收入，但国务院财政、税务主管部门另有规定的除外

> **实例分析**
>
> **计算公司当月企业所得税的应纳税所得额**
>
> 2×22 年 7 月，某公司财会人员统计出当月收入总额为 102.68 万元，其中，有财政拨款 5.00 万元，有符合免税条件的居民企业之间的股息、红利等权益性投资收益 4.60 万元，没有以前年度亏损。假设各项扣除共 40.28 万元。计算该公司当月企业所得税的应纳税所得额。

> 解析：财政拨款5.00万元为不征税收入，股息、红利等权益性投资收益4.60万元为免税收入。
>
> 应纳税所得额=102.68−5.00−4.60−40.28=52.80（万元）

注意，在计算企业所得税的应纳税所得额时，非常关键的步骤是确定各项扣除的金额。由于会计处理与税法规定的处理办法可能不同，因此，各项扣除的金额确定比较复杂，将在下一小节做详细介绍。

④ 了解企业所得税的税前扣除项目

在应纳税所得额的计算公式中，"各项扣除"实际上指的是各项税前扣除项目，具体可分为五大类，如图4-3所示。

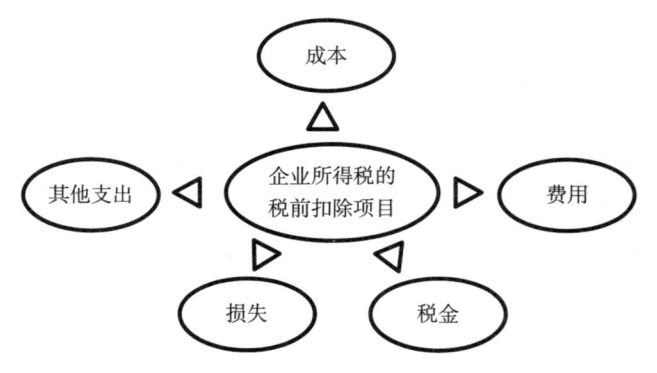

图4-3 企业所得税的税前扣除项目

成本。企业在生产经营活动中发生的销售成本、销货成本、业务支出及其他耗费。通常是企业销售商品（产品、材料、下脚料、废料和废旧物资等）、提供劳务、转让固定资产或无形资产等发生的成本。

费用。企业在生产经营活动中发生的销售费用、管理费用和财务费用，但已经计入成本的有关费用除外。销售费用是应由企业承担的为了销售商品而发生的费用；管理费用是企业的行政管理部门为管理组织经营活动提供各项支持性服务而发生的费用；财务费用是企业筹集经营性资金而发生的费用。

税金。企业发生的除企业所得税和允许抵扣的增值税以外的各项税金及其附加，主要是纳税人按规定缴纳的消费税、资源税、土地增值税、关税、城市维护建设税、教育费附加、房产税、车船税、城镇土地使用税和印花税等。企业缴纳的增值税属于价外税,不在扣除之列。

损失。企业在生产经营活动中发生的固定资产和存货的盘亏、毁损、报废损失,转让财产损失、呆账损失、坏账损失以及自然灾害等不可抗力因素造成的损失及其他损失。

其他支出。除成本、费用、税金和损失外,企业在生产经营活动中发生的与生产经营活动有关的、合理的支出。

为了更准确地核算应纳税所得额,相关人员还需要切实了解具体的扣除项目及其扣除标准,见表 4-3。

表 4-3　税前扣除项目及其扣除标准

税前扣除项项目	扣除标准
工资、薪金支出	企业发生的合理的工资、薪金支出,准予据实扣除。工资薪金,指企业每一纳税年度支付给在本企业任职或受雇的员工的所有现金形式或非现金形式的劳动报酬,具体包括基本工资、奖金、津贴、补贴、年终加薪、加班工资和与员工任职或受雇有关的其他支出
职工福利费	不超过工资、薪金总额14%的部分,准予扣除;超过部分,不予扣除
工会经费	企业拨缴的工会经费,不超过工资、薪金总额2%的部分,准予扣除;超过部分,不予扣除
职工教育经费	不超过工资、薪金总额8%的部分,准予扣除;超过部分,准予在以后纳税年度结转扣除
社会保险费和医疗保险费	企业依照国务院有关主管部门或省级人民政府规定的范围和标准为职工缴纳的基本养老保险费、基本医疗保险费、失业保险费、工伤保险费、生育保险费和住房公积金,准予据实扣除。 企业为员工缴纳的补充养老保险费、补充医疗保险费等,按标准扣除,具体参考当地主管部门的规定。 注意,企业为员工购买的商业保险所发生的保险费,不得扣除;企业职工因公出差乘坐交通工具发生的人身意外保险费支出,准予据实扣除
保险费	企业参加财产保险,按规定缴纳的保险费,准予据实扣除 企业参加雇主责任险、公众责任险等责任保险,按规定缴纳的保险费,准予据实扣除
借款费用	企业在生产经营过程中发生的合理的、不需要资本化的借款费用,准予扣除
利息费用	非金融企业向金融企业借款的利息支出、金融企业的各项存款利息支出和同业拆借利息支出、企业经批准发行债券的利息支出等,准予据实扣除。 非金融企业向非金融企业借款的利息支出,不超过按照金融企业同期同类贷款利息计算的数额的部分,准予扣除;超过部分,不予扣除。 企业向股东或其他与企业有关联关系的自然人借款的利息支出,应根据相关法律和政策规定的条件,计算扣除额

续上表

税前扣除项项目	扣除标准
汇兑损失	除已经计入有关资产成本和与向所有者进行利润分配相关的部分外，准予扣除
公益性捐赠	在年度利润总额12%以内的部分，准予扣除；超过年度利润总额12%的部分，准予结转以后三年内扣除，即三年内未扣除完毕的，第四年开始也不能再扣除。公益性捐赠指企业通过公益性社会组织或县级（含）以上人民政府及其组成部门和直属机构用于慈善活动、公益事业的捐赠支出
业务招待费	按照发生额的60%扣除，但最高不得超过当年销售（营业）收入的5‰。企业在筹建期间发生的与筹办活动有关的业务招待费支出，可按实际发生额的60%计入企业筹办费，据实扣除
广告费和业务宣传费	不超过当年销售（营业）收入15%的部分，准予扣除；超过部分，准予在以后纳税年度结转扣除。但国务院财政、税务主管部门另有规定的除外。 企业在筹建期间发生的广告费和业务宣传费，可按实际发生额计入企业筹办费，据实扣除。 烟草企业的烟草广告费和业务宣传费支出，一律不得在计算应纳税所得额时扣除
环境保护专项资金	企业按照法律、行政法规有关规定提取的用于环境保护、生态恢复等方面的专项资金，准予扣除；改变用途的，不得扣除
租赁费	以经营租赁方式租入固定资产发生的租赁费支出，据实扣除。 以融资租赁方式租入固定资产发生的租赁费支出，按规定构成融资租入固定资产价值的部分，应提取折旧费用并分期扣除，在支出时不能扣除
劳动保护费	企业发生的合理的劳动保护支出，准予据实扣除。如给员工分发劳动保护用具的支出
有关资产的费用	企业转让各类固定资产发生的费用，准予扣除
总机构分摊的费用	非居民企业在中国境内设立的机构、场所，就其中国境外总机构发生的与该机构、场所生产经营有关的费用，能提供总机构出具的费用汇集范围、定额、分配依据和方法等证明文件并合理分摊的，准予扣除
手续费以及佣金支出	财产保险企业按照全部保费收入扣除退保金等后余额的15%计算扣除限额；人身保险企业按当年全部保费收入扣除退保金等后余额的10%计算扣除限额。 其他企业按与具有合法经营资格的中介服务机构或个人所签订服务协议或合同确认的收入金额的5%计算扣除限额。 从事代理服务、主营业务收入为手续费或佣金的企业，其为取得该类收入而实际发生的营业成本，准予据实扣除
其他项目	依照有关法律、行政法规和国家有关税法规定准予扣除的其他项目，如会员费、合理的会议费、差旅费、违约金和诉讼费等

> **拓展贴士** *不得扣除的项目*
>
> 企业在计算企业所得税的应纳税所得额时，下列支出不得扣除。
> ①企业向投资者支付的股息、红利等权益性投资收益款项。
> ②企业所得税税款。
> ③税收滞纳金，具体指纳税人违反税收法规，被税务机关处以的滞纳金。
> ④罚金、罚款和被没收财物的损失，具体指纳税人违反国家有关法律法规的规定，被有关部门处以的罚款，以及被司法机关处以的罚金和被没收的财物。
> ⑤超过规定标准的捐赠支出，主要指非公益性捐赠支出。
> ⑥赞助支出，主要指企业发生的与生产经营活动无关的各种非广告性质支出。
> ⑦未经核定的准备金支出，具体指不符合国务院财政、税务主管部门规定的各项资产减值准备、风险准备等准备金支出。
> ⑧企业之间支付的管理费、企业内营业机构之间支付的租金和特许权使用费，以及非银行企业内营业机构之间支付的利息。
> ⑨与取得收入无关的其他支出。

实例分析

计算公司当期的应纳税所得额

某公司 2×21 年度实现销售收入 5 000.00 万元，营业成本 3 500.00 万元，假设没有其他不征税收入、免税收入和应税收入，没有营业外收入和支出，也没有发生公益性捐赠支出。全年工资、薪金支出总额为 300.00 万元。但是，在管理费用中，职工福利费共发生 45.00 万元，工会经费共 5.00 万元，职工教育经费共 25.00 万元。在销售费用中，业务招待费共发生 50.00 万元，广告费和业务宣传费共发生 700.00 万元。计算该公司当年度的应纳税所得额。

①会计利润总额 =5 000.00-3 500.00=1 500.00（万元）

②按照税法规定，核算职工福利费应扣除金额。

扣除上限 =300.00×14%=42.00（万元）<发生额 45.00 万元

按照税法规定，该公司职工福利费应扣除金额最多为 42.00 万元。但在会计处理上实际扣除了 45.00 万元，多扣除了 3.00 万元（45.00-42.00），需要调增应纳税所得额 3.00 万元。

③按照税法规定，核算工会经费应扣除金额。

扣除上限 =300.00×2%=6.00（万元）>发生额 5.00 万元

按照税法规定，该公司工会经费应扣除金额最多为6.00万元，而会计处理上实际扣除的5.00万元没有超过上限，所以不需要调整应纳税所得额。

④按照税法规定，核算职工教育经费应扣除金额。

扣除上限 =300.00×8%=24.00（万元）<发生额25.00万元

按照税法规定，该公司职工教育经费应扣除金额最多为24.00万元。但在会计处理上实际扣除了25.00万元，多扣除了1.00万元（25.00-24.00），需要调增应纳税所得额1.00万元。

⑤按照税法规定，核算业务招待费应扣除金额。

扣除上限 =5 000.00×5‰=25.00（万元）

发生额的60%=50.00×60%=30.00（万元）>扣除上限25.00万元

按照税法规定，该公司业务招待费应扣除金额最多为25.00万元。但在会计处理上实际扣除了50.00万元，多扣除了25.00万元（50.00-25.00），需要调增应纳税所得额25.00万元。

⑥按照税法规定，核算广告费和业务宣传费应扣除金额。

扣除上限 =5 000.00×15%=750.00（万元）>发生额700.00万元

按照税法规定，该公司广告费和业务宣传费应扣除金额最多为750.00万元，而会计处理上实际扣除的700.00万元没有超过上限，所以不需要调整应纳税所得额。

应纳税所得额 = 会计利润 + 调增数 − 调减数

=1 500.00+3.00+1.00+25.00=1 529.00（万元）

05 计算企业所得税应纳税额

看到这里，读者是否已经混乱了？又是应纳税所得额，又是应纳税额，到底两者有什么不同？下面通过应纳税额的计算公式来表现两者的区别。

应纳税额 = 应纳税所得额 × 适用税率 − 减免税额 − 抵免税额

由此可见，企业所得税的应纳税额，是通过应纳税所得额与适用税率计算确定的，如果企业还存在减免税额或抵免税额，还要减去这两个部分的税额。

其中，减免税额和抵免税额是指依照《中华人民共和国企业所得税法》和国务院的税收优惠规定减征、免征和抵免的应纳税额。减免税额和抵免税额涉及企业所得税的税收优惠政策，这里暂不作介绍，具体内容可参考本书最后一章。下面在上一个案例的基础上，核算公司当期企业所得税应纳税额。

> **实例分析**
>
> **核算公司年度企业所得税应纳税额**
>
> 某公司为居民企业，2×21年度企业所得税的应纳税所得额为1 529.00万元，适用企业所得税税率25%。已知该公司当年度存在20.12万元的减免税额，80.00万元的抵免税额，则该公司当年度企业所得税的应纳税额有多少呢？
>
> 应纳税额 =1 529.00 × 25%-20.12-80.00=282.13（万元）
>
> 所以，该公司2×21年度企业所得税的应纳税额为282.13万元。

二、正确处理个人所得税保护个人利益

为什么自己拿到的工资条上应发工资和实发工资数额不同？是不是会计把自己的工资算错了？我为什么缴了这么多的个人所得税，到底用了哪个税率来算的？我想自己重新算一遍工资，看是不是正确的，要怎么核算呢？

06 个人所得税的不同纳税人及其纳税义务

与企业所得税一样，个人所得税的纳税人也要分为居民纳税人和非居民纳税人。先从概念上理解两种纳税人的身份，如图4-4所示。

图4-4 居民纳税人和非居民纳税人

- 在中国境内有住所，或者无住所但一个纳税年度内在中国境内居住累计满183天的个人，为居民个人，承担纳税义务 —— 居民纳税人
- 在中国境内无住所又不居住，或者无住所但一个纳税年度内在中国境内居住累计不满183天的个人，为非居民个人，承担相应的纳税义务 —— 非居民纳税人

另外，在介绍企业所得税的相关知识时，读者知道了个人独资企业和合伙企业不是企业所得税的纳税义务人，因此不缴纳企业所得税。那么是不是就不需要缴税了呢？

不！对于个人独资企业和合伙企业，只对投资者个人或个人合伙人取得的生产经营所得征收个人所得税。也就是说，个人独资企业以投资者个人为纳税义务人，合伙企业以每一个合伙人为纳税义务人。

那么，居民纳税人和非居民纳税人，两者的纳税义务究竟有什么不同呢？

①居民纳税人从中国境内和境外取得的所得，缴纳个人所得税。

②非居民纳税人从中国境内取得的所得，缴纳个人所得税。

对于居民纳税人和非居民纳税人负担个人所得税纳税义务的情形，有图4-5所示的三种特殊情形。

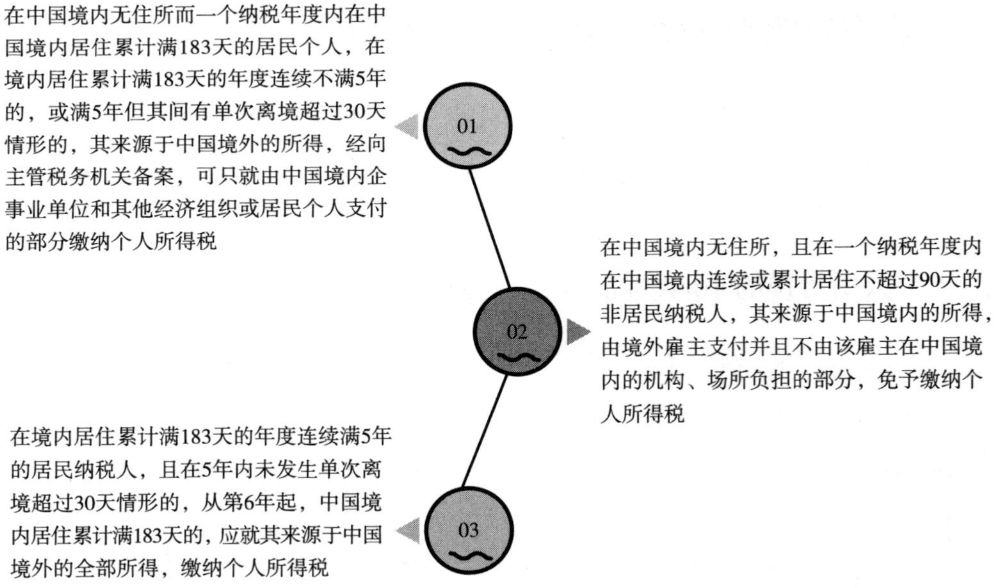

在中国境内无住所而一个纳税年度内在中国境内居住累计满183天的居民个人，在境内居住累计满183天的年度连续不满5年的，或满5年但其间有单次离境超过30天情形的，其来源于中国境外的所得，经向主管税务机关备案，可只就由中国境内企事业单位和其他经济组织或居民个人支付的部分缴纳个人所得税

01

在中国境内无住所，且在一个纳税年度内在中国境内连续或累计居住不超过90天的非居民纳税人，其来源于中国境内的所得，由境外雇主支付并且不由该雇主在中国境内的机构、场所负担的部分，免予缴纳个人所得税

02

在境内居住累计满183天的年度连续满5年的居民纳税人，且在5年内未发生单次离境超过30天情形的，从第6年起，中国境内居住累计满183天的，应就其来源于中国境外的全部所得，缴纳个人所得税

03

图4-5　非居民纳税人的纳税义务

07 牢记个人所得税的应税所得项目

现行个人所得税按照应纳税所得的来源进行划分，共有九个应税项目。简单介绍见表4-4。

表 4-4　个人所得税的应税项目

应税项目	阐述
工资、薪金所得	指个人因任职或受雇而取得的工资、薪金、奖金、年终加薪、劳动分红、津贴、补贴以及与任职或受雇有关的其他所得。注意，这些项目不属于工资、薪金性质的补贴或津贴，不予征收个人所得税：①独生子女补贴；②执行公务员工资制度未纳入基本工资总额的补贴、津贴差额和家属成员的副食补贴；③托儿补助费；④差旅费津贴、误餐补助
劳务报酬所得	指个人独立从事非雇佣的各种劳务所取得的所得，包括：设计、装潢、安装、制图、化验、测试、医疗、法律、会计、咨询、讲学、新闻、广播、翻译、审稿、书画、雕刻、影视、录音、录像、演出、表演、广告、展览、技术服务、经纪服务、代办服务和其他劳务等。另外，个人兼职取得的收入按照该应税项目缴纳个人所得税
稿酬所得	指个人因其作品以图书、报刊形式出版、发表而取得的所得。作品包括文学作品、书画作品、摄影作品和其他作品。 注意，作者去世后，财产继承人取得的遗作稿酬，也应按规定缴纳个人所得税
特许权使用费所得	指个人提供专利权、商标权、著作权、非专利技术以及其他特许权的使用权所取得的所得。 注意，提供著作权的使用权取得的所得，不包括稿酬所得；作者将自己的文字作品手稿原件或复印件公开拍卖（竞价）取得的所得，属于提供著作权的使用所得，按该应税项目计缴个人所得税
经营所得	①个人通过在中国境内注册登记的个体工商户、个人独资企业、合伙企业从事生产、经营活动取得的所得。 ②个人依法取得执照，从事办学、医疗、咨询及其他有偿服务活动取得的所得。 ③个人承包、承租、转包、转租取得的所得。 ④个人从事其他生产、经营活动取得的所得
利息、股息、红利所得	指个人拥有债权、股权而取得的利息、股息、红利所得。 利息一般指存款、贷款和债券的利息；股息、红利指个人拥有股权取得的公司、企业分红。按照一定比率派发的每股息金，称为股息；根据公司、企业应分配的超过股息部分的利润，按股派发的红股，称为红利
财产租赁所得	指个人出租不动产、土地使用权、机器设备、车船及其他财产取得的所得
财产转让所得	指个人转让有价证券、股权、合伙企业中的财产份额、不动产、土地使用权、机器设备、车船及其他财产取得的所得
偶然所得	指个人得奖、中奖、中彩及其他偶然性质的所得。 得奖指参加各种有奖竞赛活动，取得名次得到的奖金；中奖、中彩指参加各种有奖活动，如有奖储蓄或购买彩票，经过规定程序，抽中、摇中号码而取得的奖金

> **拓展贴士** *关于工资、薪金所得的个人所得税特殊处理情况*
>
> ①个人因与用人单位解除劳动关系而取得的一次性补偿收入，超过当地上年职工平均工资三倍数额部分的一次性补偿收入，可视为一次取得数月的工资、薪金收入，允许在一定期限内平均计算，从而看是否符合征收个人所得税的条件，符合则缴税，不符合则不缴。
>
> ②退休人员再任职取得的收入，符合相关条件的，在减除按税法规定的费用扣除标准后，按"工资、薪金所得"项目缴纳个人所得税。
>
> ③离退休人员除按规定领取离退休工资或养老金外，另从原任职单位取得的各类补贴、奖金、实物，应按"工资、薪金所得"项目缴纳个人所得税。
>
> ④企业为员工支付各项免税之外的保险金，应在企业向保险公司缴付时并入员工当期的工资收入，按"工资、薪金所得"项目缴纳个人所得税。
>
> ⑤取得律师资格和律师执业证书、不脱离本职工作而从事律师执业的兼职律师，在从律师事务所取得工资、薪金性质的所得时，律师事务所在代扣代缴其个人所得税时，不再减除个人所得税法规定的费用扣除标准，以收入全额计缴个人所得税。

08 清楚个人所得税的税率档次

要知道，不同的个人所得税应税项目，其适用的税率或税率档次是不同的。那么具体是什么情况呢？下面来作详细了解。

（1）综合所得的税率标准

综合所得是一个概括性名词，主要包括四项个人所得税应税所得项目，即工资、薪金所得，劳务报酬所得，稿酬所得以及特许权使用费所得。

需要进行个人所得税年末汇算清缴的纳税人，年末在核算当年应缴纳的个人所得税时，根据综合所得来确定。因此，劳动者有必要知道综合所得的税率标准。

综合所得适用3%～45%的超额累进税率，共分为七个档次，具体档次信息见表4-5。

表4-5 综合所得适用的个人所得税税率

级 数	全年应纳税所得额	税 率	速算扣除数
1	不超过36 000.00元的	3%	0.00
2	超过36 000.00元不超过144 000.00元的	10%	2 520.00
3	超过144 000.00元不超过300 000.00元的	20%	16 920.00
4	超过300 000.00元不超过420 000.00元的	25%	31 920.00

续上表

级 数	全年应纳税所得额	税 率	速算扣除数
5	超过 420 000.00 元不超过 660 000.00 元的	30%	52 920.00
6	超过 660 000.00 元不超过 960 000.00 元的	35%	85 920.00
7	超过 960 000.00 元的	45%	181 920.00

注意，在利用上表税率数据计算个人所得税时，如果分段计算个人所得税税额，则不用速算扣除数；如果按照全年应纳税所得额在某一个区段对应的税率全额计缴，则需要借助速算扣除数，这也是一种简便算法。

例如，劳动者全年应纳税所得额超过 36 000.00 元但不超过 144 000.00 元的，如 50 000.00 元，如果分一级和二级分段计算，则处于第一级数的 36 000.00 元按照税率 3% 计算个人所得税税额，然后加上处于第二级数的 14 000.00 元（50 000.00-36 000.00）按照税率 10% 计算的个人所得税税额，得出总的需要缴纳的个人所得税税额。此时不需要用到速算扣除数。

如果按照 50 000.00 元在第二级数这一区段对应的税率 10% 全额计缴，则直接用 50 000.00 元乘以 10%，再扣除该区段对应的速算扣除数 2 520.00，就可得出总的需要缴纳的个人所得税税额。具体对比计算在本章后面内容介绍。

如果个人纳税人不需要进行个人所得税年末汇算清缴，则按照工资、薪金所得适用的税率计缴个人所得税。此时，税率级数和各级税率与综合所得税适用的一致，只不过"全年应纳税所得额"变成了"全月应纳税所得额"，速算扣除数也相应除以 12，见表 4-6。

表 4-6 工资薪金所得适用的个人所得税税率

级 数	全月应纳税所得额	税 率	速算扣除数
1	不超过 3 000.00 元的	3%	0.00
2	超过 3 000.00 元不超过 12 000.00 元的	10%	210.00
3	超过 12 000.00 元不超过 25 000.00 元的	20%	1 410.00
4	超过 25 000.00 元不超过 35 000.00 元的	25%	2 660.00
5	超过 35 000.00 元不超过 55 000.00 元的	30%	4 410.00
6	超过 55 000.00 元不超过 80 000.00 元的	35%	7 160.00
7	超过 80 000.00 元的	45%	15 160.00

相关算法与综合所得个人所得税相同。

（2）经营所得的税率标准

经营所得适用 5% ~ 35% 的超额累进税率，共分为五个档次，具体档次信息见表 4-7。

表 4-7 经营所得适用的个人所得税税率

级 数	全年应纳税所得额	税 率	速算扣除数
1	不超过 30 000.00 元的	5%	0.00
2	超过 30 000.00 元不超过 90 000.00 元的	10%	1 500.00
3	超过 90 000.00 元不超过 300 000.00 元的	20%	10 500.00
4	超过 300 000.00 元不超过 500 000.00 元的	30%	40 500.00
5	超过 500 000.00 元的	35%	65 500.00

相关算法也与综合所得个人所得税相同。

（3）其他所得的税率标准

这里的其他所得，包括利息、股息、红利所得，财产租赁所得，财产转让所得和偶然所得。这些所得均适用比例税率，且税率为 20%。

注意，自 2001 年 1 月 1 日起，对个人出租住房取得的所得暂减按 10% 的税率征收个人所得税。

09 确定应纳税所得额是关键

在核算个人所得税的应纳税所得额时，也需要区分应税项目，因为不同的应税项目，其确定应纳税所得额的依据是不同的。

（1）居民个人综合所得的应纳税所得额

居民个人的综合所得，以每一纳税年度的收入额减除费用 6.00 万元以及专项扣除、专项附加扣除和依法确定的其他扣除后的余额，为应纳税所得额。

其中，"每一纳税年度的收入额"包括工资、薪金收入额，劳务报酬收入额、稿酬收入额和特许权使用费收入额四个部分。而且，这四项应税收入的收入额的确定会有不同，如图 4-6 所示。

```
                    ┌─────────────┐                    ┌─────────────┐
                    │  工资薪金所得  │                    │  劳务报酬所得  │
                    └─────────────┘                    └─────────────┘

  工资薪金所得的收入额=工资、薪金          ①劳务报酬每次收入≤4 000.00元，
  收入总额                             劳务报酬收入额=收入总额-800.00。
                                     ②劳务报酬每次收入＞4 000.00元，
                                     劳务报酬收入额=收入总额×（1-20%）。

                         ┌──────────────────────┐
                         │   综合所得各项目的收入额   │
                         └──────────────────────┘

  稿酬所得的收入额减按70%计算。           ①特许权使用费每次收入≤4 000.00元，
  ①稿酬每次收入≤4 000.00元，            特许权使用费收入额=收入总额-800.00。
  稿酬收入额=（收入总额-800.00）×
  70%。                               ②特许权使用费每次收入＞4 000.00元，
  ②稿酬每次收入＞4 000.00元，            特许权使用费收入额=收入总额×（1-20%）。
  稿酬收入额=收入总额×（1-20%）×
  70%。

                    ┌─────────────┐                    ┌─────────────┐
                    │   稿酬所得    │                    │  特许权使用费所得 │
                    └─────────────┘                    └─────────────┘
```

图4-6 综合所得各项目的收入额的确定

　　"专项扣除"主要指居民个人按照国家规定的范围和标准缴纳的基本养老保险、基本医疗保险、失业保险和住房公积金等。

　　"专项附加扣除"主要指个人所得税法规定的子女教育、继续教育、大病医疗、住房贷款利息、住房租金、赡养老人以及《国务院关于设立3岁以下婴幼儿照护个人所得税专项附加扣除的通知》所规定新增的3岁以下婴幼儿照护，共七项专项附加扣除。

　　下面就来看这七项专项附加扣除的具体扣除标准，分别如图4-7、图4-8、图4-9、图4-10、图4-11、图4-12和图4-13所示。

　　"依法确定的其他扣除"包括个人缴付符合国家规定的企业年金、职业年金，个人购买符合国家规定的商业健康保险、税收递延型商业养老保险支出等。

子女教育专项附加扣除

说明： 纳税人的子女接受学前教育和全日制学历教育的相关支出，按照每个子女每月2 000.00元（每年24 000.00元）的标准定额扣除。父母可以选择由其中一方按扣除标准的100%扣除，也可以选择由双方分别按扣除标准的50%扣除，具体扣除方式在一个纳税年度内不能变更。

"学前教育"是指年满3岁至小学入学前的教育；"学历教育"包括义务教育（小学、初中教育）、高中阶段教育（普通高中、中等职业、技工教育）和高等教育（大学专科、大学本科、硕士研究生、博士研究生教育）。

注意： 纳税人子女在中国境外接受教育的，纳税人应留存境外学校录取通知书、留学签证等相关教育的证明资料备查。

图 4-7　子女教育专项附加扣除的扣除标准

继续教育专项附加扣除

纳税人在中国境内接受学历（学位）继续教育的支出，在学历（学位）教育期间按照每月400.00元（每年4 800.00元）定额扣除。同一学历（学位）继续教育的扣除期限不得超过48个月（即4年）。个人接受本科及以下学历（学位）继续教育，符合本办法规定扣除条件的，可选择由其父母扣除，也可选择由本人扣除。

纳税人接受技能人员职业资格继续教育、专业技术人员职业资格继续教育的支出，在取得相关证书的当年，按照3 600.00元定额扣除。

注意： 纳税人接受技能人员职业资格继续教育、专业技术人员职业资格继续教育的，应留存相关证书等资料备查。

图 4-8　继续教育专项附加扣除的扣除标准

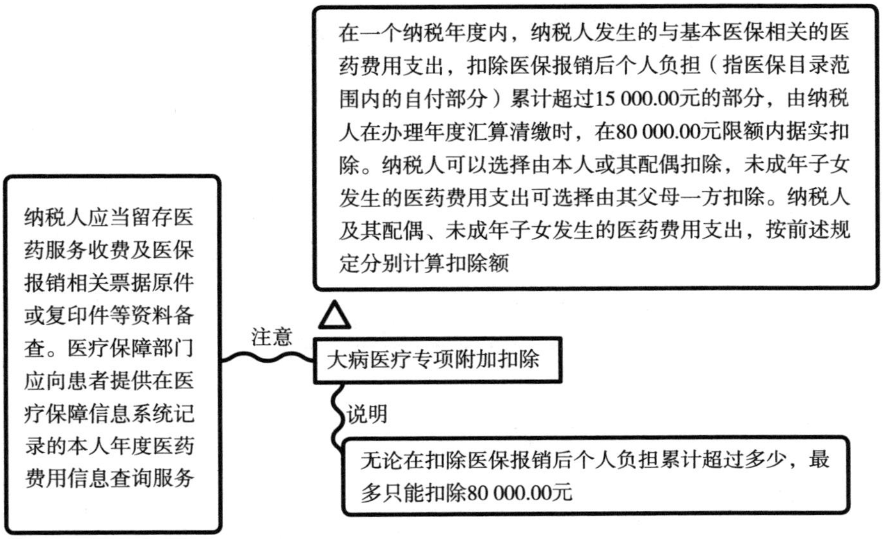

图 4-9　大病医疗专项附加扣除的扣除标准

大病医疗专项附加扣除

在一个纳税年度内，纳税人发生的与基本医保相关的医药费用支出，扣除医保报销后个人负担（指医保目录范围内的自付部分）累计超过15 000.00元的部分，由纳税人在办理年度汇算清缴时，在80 000.00元限额内据实扣除。纳税人可以选择由本人或其配偶扣除，未成年子女发生的医药费用支出可选择由其父母一方扣除。纳税人及其配偶、未成年子女发生的医药费用支出，按前述规定分别计算扣除额

说明：无论在扣除医保报销后个人负担累计超过多少，最多只能扣除80 000.00元

注意：纳税人应当留存医药服务收费及医保报销相关票据原件或复印件等资料备查。医疗保障部门应向患者提供在医疗保障信息系统记录的本人年度医药费用信息查询服务

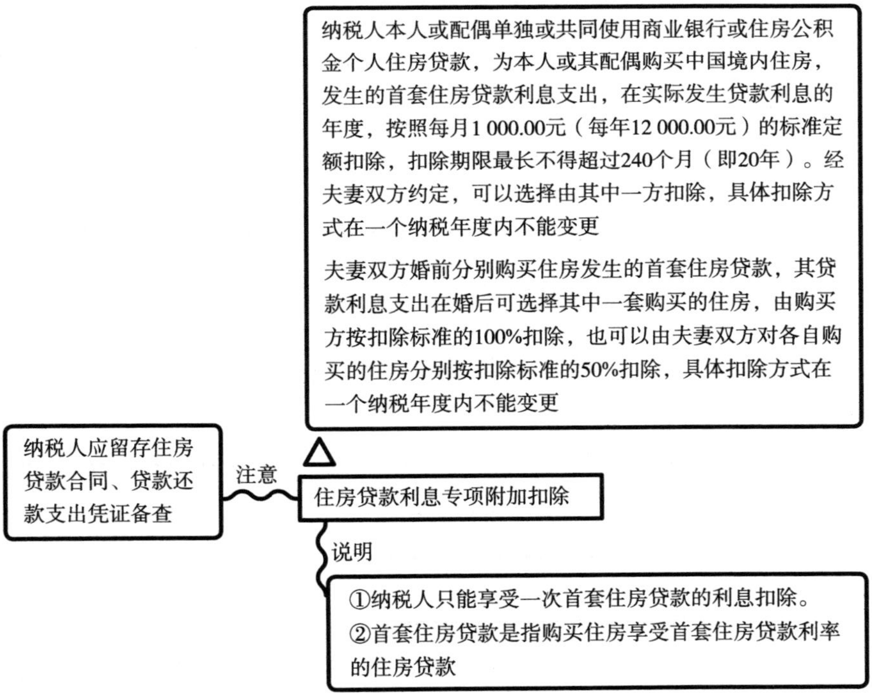

图 4-10　住房贷款利息专项附加扣除的扣除标准

住房贷款利息专项附加扣除

纳税人本人或配偶单独或共同使用商业银行或住房公积金个人住房贷款，为本人或其配偶购买中国境内住房，发生的首套住房贷款利息支出，在实际发生贷款利息的年度，按照每月1 000.00元（每年12 000.00元）的标准定额扣除，扣除期限最长不得超过240个月（即20年）。经夫妻双方约定，可以选择由其中一方扣除，具体扣除方式在一个纳税年度内不能变更

夫妻双方婚前分别购买住房发生的首套住房贷款，其贷款利息支出在婚后可选择其中一套购买的住房，由购买方按扣除标准的100%扣除，也可以由夫妻双方对各自购买的住房分别按扣除标准的50%扣除，具体扣除方式在一个纳税年度内不能变更

说明：
①纳税人只能享受一次首套住房贷款的利息扣除。
②首套住房贷款是指购买住房享受首套住房贷款利率的住房贷款

注意：纳税人应留存住房贷款合同、贷款还款支出凭证备查

纳税人在主要工作城市没有自有住房而发生的住房租金支出，可按照以下标准定额扣除
①直辖市、省会（首府）城市、计划单列市及国务院确定的其他城市，扣除标准为每月1 500.00元（每年18 000.00元）
②除前述所列城市外，市辖区户籍人口超过100万的城市，扣除标准为每月1 100.00元（每年13 200.00元）；市辖区户籍人口不超过100万的城市，扣除标准为每月800.00元（每年9 600.00元）

纳税人应留存住房租赁合同、协议等有关资料备查

注意

住房租金专项附加扣除

说明

①纳税人的配偶在纳税人的主要工作城市有自有住房的，视同纳税人在主要工作城市有自有住房
②市辖区户籍人口，以国家统计局公布的数据为准
③主要工作城市是指纳税人任职受雇的直辖市、计划单列市、副省级城市、地级市（地区、州、盟）全部行政区域范围；纳税人无任职受雇单位的，为受理其综合所得汇算清缴的税务机关所在城市
④夫妻双方主要工作城市相同的，只能由一方扣除住房租金支出
⑤纳税人及其配偶在一个纳税年度内不能同时分别享受住房贷款利息和住房租金专项附加扣除

图4-11　住房租金专项附加扣除的扣除标准

纳税人赡养一位及以上被赡养人的赡养支出，统一按照以下标准定额扣除
①纳税人为独生子女的，按照每月3 000.00元（每年36 000.00元）的标准定额扣除
②纳税人为非独生子女的，由其与兄弟姐妹分摊每月3 000.00元的扣除额度，每人分摊的额度不能超过每月1 500.00元。可以由赡养人均摊或约定分摊，也可以由被赡养人指定分摊。约定或指定分摊的，必须签订书面分摊协议，指定分摊优先于约定分摊。具体分摊方式和额度在一个纳税年度内不能变更

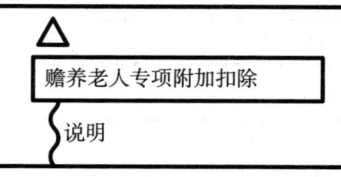

赡养老人专项附加扣除

说明

被赡养人是指年满60岁的父母，以及子女均已去世的年满60岁的祖父母、外祖父母

图4-12　赡养老人专项附加扣除的扣除标准

第四章 | 处理好所得税，护各方利益

```
纳税人需要留存子女的出生医学证明等资料备查 ─── 注意 ┬─ 3岁以下婴幼儿照护专项附加扣除 ─── 纳税人照护3岁以下婴幼儿子女的相关支出，按照每个婴幼儿每月2 000.00元（每年24 000.00元）的标准定额扣除。父母可以选择由其中一方按扣除标准的100%扣除，也可以选择由双方分别按扣除标准的50%扣除，具体扣除方式在一个纳税年度内不能变更
                                              └─ 说明 ─── 3岁以下婴幼儿指婴幼儿出生的当月至年满3周岁的前一个月
```

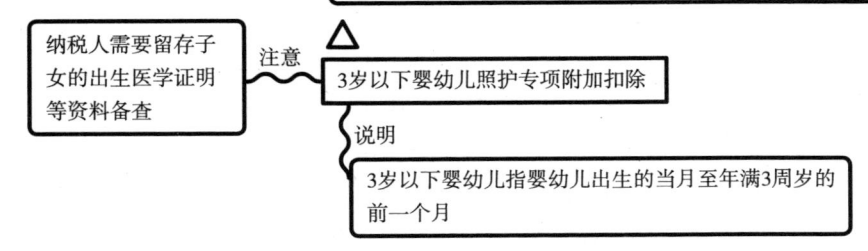

图4-13　3岁以下婴幼儿照护专项附加扣除的扣除标准

实例分析

计算居民个人综合所得的应纳税所得额

李某为居民纳税人，在某公司任职，2×21年收入情况如下：

①全年取得公司发放的工资薪金所得192 000.00元，无其他特殊性工资薪金所得。

②7月为某公司提供培训，获得收入20 000.00元。

③12月获得一项稿酬所得共60 000.00元。

④12月将自己拥有的一项著作权提供给某公司使用，一次性收取使用费200 000.00元。

已知李某2×21年度共发生如下支出项目。

①全年按国家规定范围和标准缴纳的基本养老保险、基本医疗保险、失业保险和住房公积金，共18 000.00元。

②发生符合扣除标准的住房贷款利息12 000.00元，子女教育支出共12 000.00元，赡养老人支出18 000.00元。无其他依法确定的扣除项目。

那么，李某在进行2021年度个人所得税汇算清缴时，确认的应纳税所得额是多少呢？

解析：工资薪金所得全额确认为工资薪金收入额；提供培训获得的一次性收入20 000.00元属于劳务报酬所得，且超过4 000.00元，减除20%费用后

89

的余额确认为收入额；稿酬收入一次性获得 60 000.00 元，超过 4 000.00 元，减除 20% 费用后的余额再减按 70% 确认收入额；提供著作权一次性获得使用费 200 000.00 元，超过 4 000.00 元，减除 20% 费用后的余额确认为收入额。

工资薪金收入额 =192 000.00（元）

劳务报酬收入额 =20 000.00×（1−20%）=16 000.00（元）

稿酬收入额 =60 000.00×（1−20%）×70%=33 600.00（元）

特许权使用费收入额 =200 000.00×（1−20%）=160 000.00（元）

应纳税所得额 =192 000.00+16 000.00+33 600.00+160 000.00−60 000.00−18 000.00−12 000.00−12 000.00−18 000.00=281 600.00（元）

（2）非居民个人工资薪金所得的应纳税所得额

非居民个人由于不进行个人所得税年终汇算清缴，因此其工资薪金所得的应纳税所得额以每月收入额减除费用 5 000.00 元后的余额为准。其劳务报酬所得、稿酬所得和特许权使用费所得的应纳税所得额以每次收入额的全部为准。

以上述案例为例，假设李某每月平均工资为 16 000.00（192 000.00÷12），其他收入额不变。那么，李某 7 月的个人所得税应纳税所得额为 36 000.00 元（16 000.00+20 000.00），而 12 月的个人所得税应纳税所得额为 276 000.00 元（16 000.00+60 000.00+200 000.00）。

（3）经营所得的应纳税所得额

纳税人的经营所得，以每一纳税年度的收入总额减除成本、费用以及损失后的余额，为应纳税所得额。

个体工商户、个人独资企业、合伙企业以及个人从事其他生产、经营活动，未提供完整、准确的纳税资料，不能正确计算应纳税所得额的，由主管税务机关核定其应纳税所得额。

而个体工商户业主、个人独资企业投资者、合伙企业个人合伙人以及从事其他生产、经营活动的个人，以其每一纳税年度来源于个体工商户、个人独资企业、合伙企业以及其他生产、经营活动的所得，减除费用 6.00 万元、专项扣除和依法确定的其他扣除后的余额，为应纳税所得额。

> **实例分析**
>
> **计算个体工商户经营所得的应纳税所得额**
>
> 个体工商户张某 2×21 年全年取得收入共 240.00 万元，发生成本费用共 86.40 万元。已知发生资产报废损失共 4.20 万元，计算张某经营的个体工商户 2×21 年的个人所得税应纳税所得额是多少。
>
> 应纳税所得额 =240.00-86.40-4.20=149.40（万元）

（4）财产租赁所得的应纳税所得额

纳税人获取的财产租赁所得，每次收入不超过 4 000.00 元的，减除费用 800.00 元后的余额为应纳税所得额；每次收入超过 4 000.00 元的，减除 20% 费用后的余额为应纳税所得额。

但是，如果纳税人在进行财产租赁过程中发生了合理的修缮费用（以 800.00 元为限），或者按规定缴纳了相关税费，也可以从收入额中扣除，然后得到应纳税所得额。此时用计算公式表达如下。

①每次（月）收入不超过 4 000.00 元。

应纳税所得额 =［每次（月）收入额 - 财产租赁过程中缴纳的税费 - 由纳税人负担的租赁财产实际开支的修缮费用（800.00 元为限）-800.00 元］

②每次（月）收入在 4 000.00 元以上。

应纳税所得额 =［每次（月）收入额 - 财产租赁过程中缴纳的税费 - 由纳税人负担的租赁财产实际开支的修缮费用（800.00 元为限）］×（1-20%）

> **实例分析**
>
> **计算纳税人财产租赁所得的应纳税所得额**
>
> 自然人个人元某 2×22 年 1 月，将其名下的一栋闲置房屋对外出租，与承租人约定月租 1 500.00 元，按季支付。2×22 年 1 月，元某收到承租人支付的第一季度的租金 4 500.00 元，未发生修缮费用，暂不考虑相关税费。针对该收入，元某是否需要缴纳个人所得税，应纳税所得额是多少？

解析：元某作为自然人个人，对外出租房屋并收取租金收入，属于财产租赁所得，需要按规定缴纳个人所得税。由于一次性收取的租金收入为 4 500.00 元，超过 4 000.00 元，因此，要以扣除 20% 费用后的余额作为应纳税所得额。

应纳税所得额 =4 500.00×（1-20%）=3 600.00（元）

如果元某与承租人约定月租为 1 500.00 元，按月支付，则元某每月收取的租金收入为 1 500.00 元，未超过 4 000.00 元。此时要以扣除 800.00 元费用后的余额作为应纳税所得额。

应纳税所得额 =1 500.00-800.00=700.00（元）

（5）财产转让所得的应纳税所得额

纳税人获得的财产转让所得，以转让财产的收入额减除财产原值和合理费用后的余额，作为应纳税所得额。

财产转让所得应纳税所得额 = 转让财产的收入额 – 财产原值 – 合理费用

实例分析

计算纳税人财产转让所得的应纳税所得额

自然人钱某 2×22 年 6 月，将其名下的一栋闲置房屋对外出售，收取不含税售价 122.00 万元。已知该房屋购买时原值为 104.80 万元，出售过程中发生相关的合理费用共 2.50 万元。对于钱某出售名下房产的经济行为，是否需要缴纳个人所得税，应纳税所得额是多少？

解析：钱某作为自然人个人，对外出售房屋并获得收入，属于财产转让所得，需要按规定缴纳个人所得税。

应纳税所得额 =122.00-104.80-2.50=14.70（万元）

（6）其他所得的应纳税所得额

除了前述提及的各种所得，纳税人还可能获得利息、股息、红利所得和偶然所得。这两类所得均以每次收入额实际数为应纳税所得额。

> **实例分析**
>
> **计算纳税人利息、股息、红利所得和偶然所得的应纳税所得额**
>
> 【例1】
>
> 严某为某公司合伙人，2×22 年 3 月收到公司发放的 2×21 年度的股息，共 8.40 万元，严某需要对此缴纳个人所得税吗？应纳税所得额是多少？
>
> 解析：严某获得的 8.40 万元股息收入，属于利息、股息、红利所得，需要按规定缴纳个人所得税，且应按每次收入额的实际数确认应纳税所得额，即为 8.40 万元。
>
> 【例2】
>
> 自然人个人杨某 2×22 年 7 月因购买彩票中奖，奖金 5 000.00 元，杨某需要对此项收入缴纳个人所得税吗？应纳税所得额是多少？
>
> 解析：杨某获得的彩票中奖收入 5 000.00 元，属于偶然所得，需要按规定缴纳个人所得税，且应按每次收入额的实际数确认应纳税所得额，即为 5 000.00 元。

⑩ 核算个人所得税应纳税额

对于纳税人来说，个人所得税的应纳税额通常由应纳税所得额乘以适用税率计算得出，但涉及速算扣除数时，计算公式如下所示：

应纳税额 = 应纳税所得额 × 适用税率 − 速算扣除数

> **实例分析**
>
> **计算纳税人各种所得的应纳税额**
>
> 【例1】
>
> 以前述案例为例，居民纳税人李某 2×21 年度综合所得的应纳税所得额为 287 600.00 元，则当年个人所得税应纳税额有多少呢？
>
> ①借助速算扣除数进行个人所得税应纳税额的简便运算。由于应纳税所得额 287 600.00 元处于综合所得适用个人所得税税率的第三级数，因此对应

税率为20%，速算扣除数为16 920.00元。

应纳税额=287 600.00×20%-16 920.00=40 600.00（元）

②不借助速算扣除数，按照各区段应缴纳的个人所得税来算。

第一级数对应应纳税所得额为36 000.00元，税率3%。

应纳税额=36 000.00×3%=1 080.00（元）

第二级数对应应纳税所得额为108 000.00元（144 000.00-36 000.00），税率10%。

应纳税额=108 000.00×10%=10 800.00（元）

第三级数对应应纳税所得额为143 600.00元（287 600.00-36 000.00-108 000.00），税率20%。

应纳税额=143 600.00×20%=28 720.00（元）

应纳税额总计=1 080.00+10 800.00+28 720.00=40 600.00（元）

由此可见，两种方法计算得出的综合所得的应纳税额是相同的。

【例2】

以前述案例为例，非居民纳税人李某7月的个人所得税应纳税所得额为36 000.00元，12月的应纳税所得额为276 000.00元。分别计算这两个月李某的个人所得税应纳税额。

解析：非居民纳税人李某7月的应纳税所得额为36 000.00元，处于工资薪金所得适用个人所得税税率的第五级数，对应税率为30%，速算扣除数为4 410.00元。12月的应纳税所得额为276 000.00元，处于工资薪金所得适用个人所得税税率的第七级数，对应税率为45%，速算扣除数为15 160.00元。这里不再区分两种计算方法，直接借助速算扣除数进行简便运算。

7月应纳税额=36 000.00×30%-4 410.00=6 390.00（元）

12月应纳税额=276 000.00×45%-15 160.00=109 040.00（元）

【例3】

以前述案例为例，个体工商户张某2×21年度应纳税所得额为149.40万元，计算个人所得税应纳税额。

解析：个体工商户张某获取的经营所得149.40万元，处于经营所得个人所得税税率第五级数，税率35%，速算扣除数为65 500.00元。

应纳税额=1 494 000.00×35%-65 500.00=457 400.00（元）

【例4】

以前述案例为例，自然人个人元某2×22年1月获得财产租赁所得，应纳税所得额为3 600.00元，个人所得税税率为20%，计算个人所得税应纳税额。

应纳税额＝3 600.00×20%=720.00（元）

【例5】

以前述案例为例，自然人个人钱某2×22年6月获得财产转让所得，应纳税所得额为14.70万元，个人所得税税率为20%，计算个人所得税应纳税额。

应纳税额＝147 000.00×20%=29 400.00（元）

【例6】

以前述案例为例，某公司合伙人严某2×22年3月获得2021年股息所得，应纳税所得额为8.40万元，个人所得税税率为20%，计算个人所得税应纳税额。

应纳税额＝84 000.00×20%=16 800.00（元）

【例7】

以前述案例为例，杨某2×22年7月获得偶然所得5 000.00元，个人所得税税率20%，计算个人所得税应纳税额。

应纳税额＝5 000.00×20%=1 000.00（元）

第五章　了解更多税提升业务能力

车船税是需要每年都缴纳吗？什么情况下企业需要缴纳土地增值税？哪些应税凭证需要缴纳印花税？可能很多对税务不熟悉的会计人员都很难百分百准确回答。而企业办税人员要想提高自己的工作能力，就很有必要了解这些税种知识。

- 与土地有关的税务处理
- 与车船有关的税务处理
- 其他税种的税务处理

一、与土地有关的税务处理

国有土地使用权的出让以及土地使用权的转让等需要缴纳契税，那么，还有没有其他占用土地的经济行为是需要缴税的呢？答案是有。为了规范纳税人使用土地的行为，督促纳税人合理使用土地，就产生了与土地相关的一系列税种，如土地增值税、城镇土地使用税等。

⑴ 土地增值税的征税范围与超率累进税率

土地增值税是对转让国有土地使用权、地上建筑物及其附着物并取得收入的单位和个人，就其转让房地产取得的增值额征税的一种税。它与契税有着明显的区别，主要有以下两点：

①契税由承受土地使用权和房屋权属的一方缴纳，而土地增值税由转让国有土地使用权、地上建筑物及其他附着物并取得收入的一方缴纳。

②在房屋交换活动中，契税只由多支付货币、实物、无形资产或其他经济利益的一方缴纳，而土地增值税需要交换双方分别缴纳，因为交换房屋时双方都获得了实物形态的收入。

那么，土地增值税的征税范围又是怎样的呢？如图 5-1 所示。

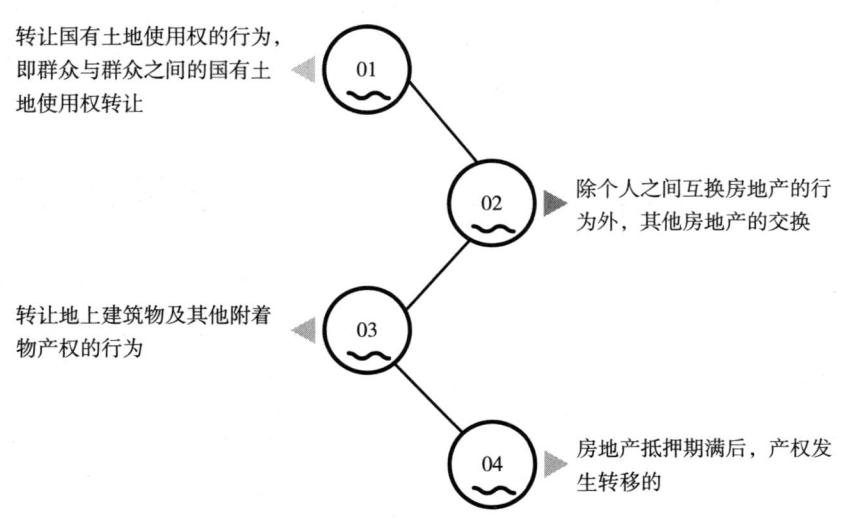

- 01 转让国有土地使用权的行为，即群众与群众之间的国有土地使用权转让
- 02 除个人之间互换房地产的行为外，其他房地产的交换
- 03 转让地上建筑物及其他附着物产权的行为
- 04 房地产抵押期满后，产权发生转移的

图 5-1　土地增值税的征税范围

> **拓展贴士** 土地增值税征税范围中的"地上建筑物及其他附着物"
>
> 地上建筑物，指建于土地上的一切建筑物，包括地上地下的各种附属设施，如厂房、仓库、商店、医院、住宅、地下室、围墙、烟囱、电梯、中央空调和管道等。
>
> 附着物，指附着于土地上不能移动，一经移动就遭到损坏的种植物、养植物和其他物品。

对于土地增值税的征税范围，有以下一些注意事项：

①出让国有土地的行为不征收土地增值税，即国家将国有土地使用权出让给群众的行为，不征收土地增值税。

②未经国家征用的集体土地不得转让，自行转让集体土地是一种违法行为，应由有关部门依照相关法律来处理，而不应纳入土地增值税的征税范围。

③土地增值税只对有偿转让的房地产征税，对以继承、赠予等方式无偿转让的房地产，不予征税。其中，赠予行为包括两种：一是房产所有人、土地使用权所有人将房屋产权、土地使用权赠予直系亲属或承担直接赡养义务人的行为；二是房产所有人、土地使用权所有人通过中国境内非营利的社会团体、国家机关将房屋产权、土地使用权赠予教育、民政和其他社会福利、公益事业的行为。

了解了土地增值税的征税范围后，读者还需要知道土地增值税的适用税率。在我国，土地增值税实行四级超率累进税率。注意，不是超额累进税率。相关税率档次见表5-1。

表5-1 土地增值税的税率

级 数	增值额与扣除项目金额的比率	税率（%）	速算扣除系数（%）
1	不超过50%的部分	30	0
2	超过50%至100%的部分	40	5
3	超过100%至200%的部分	50	15
4	超过200%的部分	60	35

注意，这里是"速算扣除系数"，而不是"速算扣除数"。而且，速算扣除系数为百分比。

02 土地增值税的计税依据与扣除项目

土地增值税的计税依据为纳税人转让房地产所取得的增值额，即纳税人转让房地产的收入减除税法规定的扣除项目金额后的余额，用公式表示如下：

增值额 = 房地产转让收入 - 扣除项目金额

也就是说，增值额的大小取决于转让房地产的收入额和扣除项目金额两个因素。所以，要正确核算土地增值税的计税依据，就需要明确哪些收入计入房地产转让收入，哪些金额计入扣除项目金额。

纳税人转让房地产取得的收入为不含增值税收入，具体包括货币收入、实物收入和其他收入。货币收入指纳税人转让房地产取得的现金、银行存款以及国库券、金融债券、企业债券和股票等有价证券。实物收入指纳税人转让房地产取得的各种实物形态的收入，如钢材、水泥等建材，房屋、土地等不动产。其他收入指纳税人转让房地产取得的无形资产收入或具有资产价值的权利，如专利权、商标权、著作权、土地使用权和商誉权等。

而扣除项目及其金额的确定比较复杂，具体见表5-2。

表5-2 土地增值税的扣除项目

扣除项目	说　　明
取得土地使用权所支付的金额	包括以下两个方面： ①纳税人为取得土地使用权所支付的地价款。如果是以协议、招标、拍卖等出让方式取得土地使用权，地价款 = 纳税人所支付的土地出让金；如果是以行政划拨方式取得土地使用权，地价款 = 按照国家有关规定补交的土地出让金；如果是以转让方式取得土地使用权，地价款 = 向原土地使用权人实际支付的地价款 ②纳税人在取得土地使用权时按国家统一规定缴纳的有关费用和税金，如手续费、契税
房地产开发成本	指纳税人开发房地产项目实际发生的成本 ①土地的征用及拆迁补偿费，包括土地征用费、耕地占用税、劳动力安置费和有关地上、地下附着物拆迁补偿的净支出、安置动迁用房支出等。 ②前期工程费，包括规划、设计、项目可行性研究和水文、地质、勘察、测绘、"三通一平"等支出 ③建筑安装工程费，指以出包方式支付给承包单位的建筑安装工程费，或者以自营方式发生的建筑安装工程费 ④基础设施费，包括开发小区内道路、供水、供电、供气、排污、排洪、通信、照明、环卫和绿化等工程发生的支出 ⑤公共配套设施费，包括不能有偿转让的开发小区内公共配套设施发生的支出 ⑥开发间接费用，指直接组织、管理开发项目发生的费用，如工资、职工福利费、折旧费、修理费、办公费、水电费、劳动保护费、周转房摊销等

续上表

扣除项目	说　　明
房地产开发费用	指与房地产开发项目有关的销售费用、管理费用和财务费用。具体扣除标准按以下两种情况进行 ①财务费用中的利息支出，凡是能够按转让房地产项目计算分摊并提供金融机构证明的，允许据实扣除，但最高不得超过按商业银行同类同期贷款利率计算的金额。其他房地产开发费用，按规定计算的金额之和（取得土地使用权所支付的金额＋房地产开发成本，下同）的5%以内计算扣除，即：允许扣除的房地产开发费用＝利息支出＋（取得土地使用权所支付的金额＋房地产开发成本）×5% ②财务费用中的利息支出，凡是不能按转让房地产项目计算分摊利息支出或不能提供金融机构证明的，房地产开发费用按规定计算的金额之和的10%以内计算扣除，即：允许扣除的房地产开发费用＝（取得土地使用权所支付的金额＋房地产开发成本）×10%
与转让房地产有关的税金	指在转让房地产时缴纳的城市维护建设税、教育费附加、印花税。另外，扣除项目涉及增值税进项税额的，允许在销项税额中计算抵扣的，不能计入该扣除项目；不允许在销项税额中计算抵扣的，可计入该扣除项目
财政部确定的其他扣除项目	对从事房地产开发的纳税人，可按规定计算的金额之和，加计扣除20%。注意，此规定只用于从事房地产开发的纳税人

拓展贴士　旧房及建筑物的扣除金额

①按评估价格扣除。按在转让已使用的房屋及建筑物时，由政府批准设立的房地产评估机构评定的重置成本价乘以成新度折扣率后的价格扣除。

②按购房发票金额计算扣除。纳税人转让旧房及建筑物，凡不能取得评估价格，但能提供购房发票的，经当地税务部门确认，可按发票所载金额进行扣除，并从购买年度起至转让年度止每年加计5%计算扣除；但是，这里加计扣除的计算基数不包括契税。

实例分析

房地产开发费用扣除项目的不同核算情形

【例1】

某公司为房地产开发公司，2×22年1月通过竞拍获得一宗国有土地使用权，合同记载不含税总价款为18 000.00万元，缴纳相关税费1 014.00万元，并约定当月动工开发。已知住宅开发成本共17 746.58万元；房地产开发费用中向商业银行借款的利息支出共3 800.00万元，已取得相关凭证，但其中包含超过贷款期限的利息和罚息共950.00万元。住宅从当年2月开始销售，至当年末全部销售完毕，取得不含增值税销售收入共77 042.25万元，缴纳城市维护建设税和教育费附加共 285.21 万元，缴纳印花税 17.11 万元。公司所在地省人民政府规定的房地产开发费用的计算扣除比例分别为 5% 和 10%，计算该公司销售住宅时发生的房地产开发费用的扣除金额（所有计算保留两位小数）。

解析：因为房地产开发费用中的利息支出全部取得相关凭证，所以，计算扣除金额时适用的公式为"允许扣除的房地产开发费用 = 利息支出 +（取得土地使用权所支付的金额 + 房地产开发成本）×5%"，但由于利息支出 3 800.00 万元中有 950.00 万元为超过贷款期限的利息和罚息，因此允许扣除的房地产开发费用的计算如下：

允许扣除的房地产开发费用 =（3 800.00−950.00）+（18 000.00+1 014.00+17 746.58）×5% ≈ 4 688.03（万元）

【例2】

如果该公司房地产开发费用中向商业银行借款的利息支出共 3 800.00 元，没有取得相关凭证，也不能按照转让房地产项目计算分摊利息支出，其他经营条件不变，则允许扣除的房地产开发费用又是多少呢？

解析：因为这种情况下允许扣除的房地产开发费用的金额适用的计算公式为"允许扣除的房地产开发费用 =（取得土地使用权所支付的金额 + 房地产开发成本）×10%"，所以该公司允许扣除的房地产开发费用的金额计算如下：

允许扣除的房地产开发费用 =（18 000.00+1 014.00+17 746.58）×10% ≈ 3 676.06（万元）

03 核算土地增值税应纳税额

如果纳税人在计算土地增值税应纳税额时，不借助速算扣除系数，则计算公式如下：

土地增值税应纳税额 = Σ（每级距的增值额 × 适用税率）

但是，这样的计算方式下，纳税人需要分别求出每级距的增值额，工作量比较大。所以，借助速算扣除系数的土地增值税应纳税额算法就显得很方便了，计算公式如下：

土地增值税应纳税额 = 增值额 × 适用税率 − 扣除项目金额 × 速算扣除系数

注意，该公式中的"增值额"是指总的增值额，不再分级距确定；而适用税率就是总的增值额与总的扣除项目金额之比对应的级数所适用的税率。另外，要顺利地运用该公式，纳税人需要明确求出扣除项目金额和增值额，通常用下列计算公式。

增值率 = 增值额 ÷ 扣除项目金额 × 100%

增值额 = 房地产转让收入 − 扣除项目金额

扣除项目金额 = 取得土地使用权所支付的金额 + 房地产开发成本 + 允许扣除的房地产开发费用 + 与转让房地产有关的税金 + 财政部确定的其他扣除项目

为了更准确地核算出土地增值税的应纳税额，纳税人可参考图 5-2 所示的计算步骤。

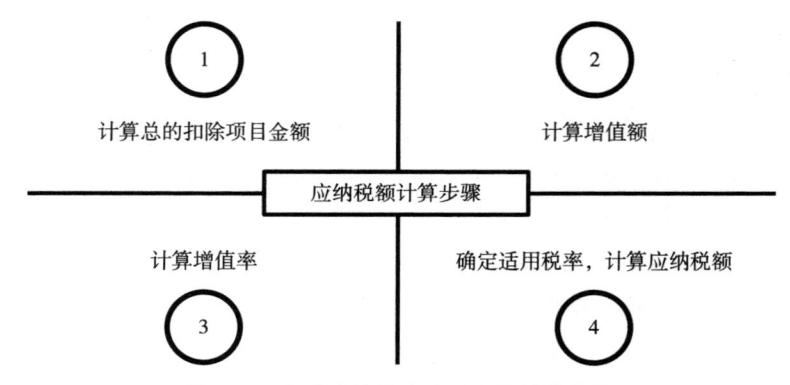

图 5-2　土地增值税应纳税额的计算步骤

1. 计算总的扣除项目金额
2. 计算增值额
3. 计算增值率
4. 确定适用税率，计算应纳税额

应纳税额计算步骤

下面就通过一个具体的案例来学习如何计算土地增值税应纳税额。

实例分析

核算公司开发住宅需要缴纳的土地增值税应纳税额

以上一小节的案例为基础，某公司为房地产开发公司，2×22 年 1 月通过竞拍获得一宗国有土地使用权，合同记载不含税总价款为 18 000.00 万元，缴纳相关税费 1 014.00 万元，并约定当月动工开发。已知住宅开发成本共 17 746.58 万元；房地产开发费用中向商业银行借款的利息支出共 3 800.00 万元，已取得相关凭证，但其中包含超过贷款期限的利息和罚息共 950.00 万元。允许扣除的房地产开发费用 4 688.03 万元。该住宅从当年 2 月开始销售，至当年末全部销售完毕，取得不含增值税销售收入共 77 042.25 万元，缴纳城市维护建设税和教育费附加共 285.21 万元，缴纳印花税 17.11 万元。公司所在地省人民政府规定的房地产开发费用的计算扣除比例分别为 5% 和 10%，计算该公司销售住宅的土地增值税应纳税额（所有计算保留两位小数）。

解析：由于该公司为房地产开发企业，因此在计算扣除项目金额时，会有一项财政部确定的其他扣除项目，即按规定计算的金额之和，加计 20% 扣除。而按规定计算的金额之和为"取得土地使用权所支付的金额＋房地产开发成本"。

①所开发住宅不含税销售收入 =77 042.25（万元）

②确定取得土地使用权所支付的金额 =18 000.00+1 014.00=19 014.00（万元）

③确定住宅开发成本 =17 746.58（万元）

④确定允许扣除的房地产开发费用 =4 688.03（万元）

⑤确定与转让房地产有关的税金 =285.21+17.11=302.32（万元）

⑥财政部确定的其他扣除项目 =（19 014.00+17 746.58）×20% ≈ 7 352.12（万元）

⑦确定转让房地产的扣除项目金额 =19 014.00+17 746.58+4 688.03+302.32+7 352.12=49 103.05（万元）

⑧计算增值额 =77 042.25−49 103.05=27 939.20（万元）

⑨计算增值率 =27 939.20÷49 103.05×100% ≈ 56.90%

⑩适用税率为 40%，速算扣除系数为 5%，应纳税额计算如下：

土地增值税应纳税额 =27 939.20×40%−49 103.05×5% ≈ 8 720.53（万元）

根据土地增值税征收管理的规定，纳税人应在转让房地产合同签订后 7 日内，到房地产所在地主管税务机关办理纳税申报，并在税务机关规定的期限内缴纳税款。

假设这里公司先进行纳税申报，后期在住宅全部出售完毕后，一起计提应缴纳的土地增值税，一起缴纳税款。

那么会计分录应编制如下：

①计提应缴纳的土地增值税时。

借：税金及附加　　　　　　　　　　　　　87 205 300.00
　　贷：应交税费——应交土地增值税　　　87 205 300.00

②实际缴纳税款时。

借：应交税费——应交土地增值税　　　　87 205 300.00
　　贷：银行存款　　　　　　　　　　　　　　87 205 300.00

04 认识城镇土地使用税

城镇土地使用税是对使用城市、县城、建制镇和工矿区范围内的土地的单位和个人征收的一种税。

凡是在城市、县城、建制镇和工矿区范围内的土地，不论是属于国家所有的土地，还是集体所有的土地，都属于城镇土地使用税的征税范围。对于征税范围，详细说明如图 5-3 所示。

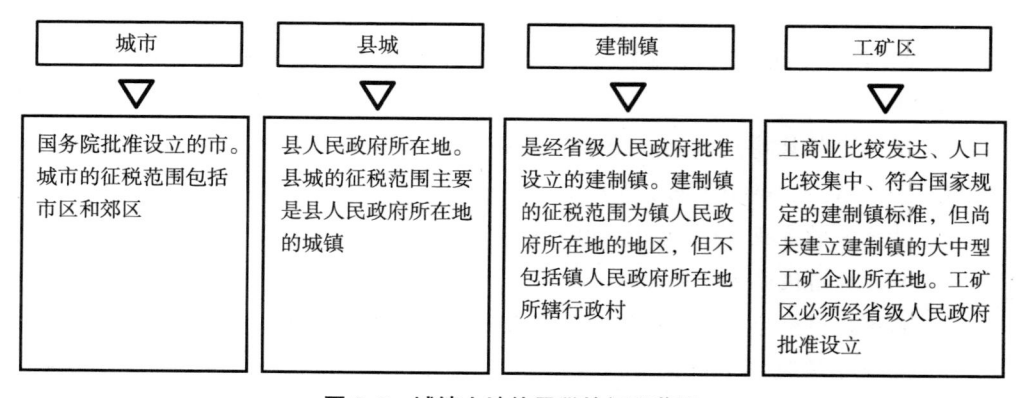

城市	县城	建制镇	工矿区
国务院批准设立的市。城市的征税范围包括市区和郊区	县人民政府所在地。县城的征税范围主要是县人民政府所在地的城镇	是经省级人民政府批准设立的建制镇。建制镇的征税范围为镇人民政府所在地的地区，但不包括镇人民政府所在地所辖行政村	工商业比较发达、人口比较集中、符合国家规定的建制镇标准，但尚未建立建制镇的大中型工矿企业所在地。工矿区必须经省级人民政府批准设立

图 5-3　城镇土地使用税的征税范围

城镇土地使用税采用定额税率，按大、中、小城市和县城、建制镇、工矿区分别规定每平方米城镇土地使用税的年应纳税额，见表 5-3。

表 5-3　城镇土地使用税的定额税率

征税范围	每平方米年应纳税额
大城市	1.50 元 ~ 30.00 元
中等城市	1.20 元 ~ 24.00 元
小城市	0.90 元 ~ 18.00 元
县城、建制镇和工矿区	0.60 元 ~ 12.00 元

省、自治区、直辖市人民政府在上述规定的税额幅度内，根据市政建设情况、经济繁荣程度等条件，确定所辖地区的适用税额幅度。经济落后地区，城镇土地使用税的适用税额标准可适当降低，但降低幅度不得超过上述规定最低税额的30%；经济发达地区，城镇土地使用税的适用税额可适当提高，但必须报经财政部批准。

05 核算城镇土地使用税应纳税额

纳税人在核算城镇土地使用税应纳税额时，需要先确定计税依据。城镇土地使用税的计税依据为纳税人实际占用的土地面积，计算时用平方米为计量单位。具体按照以下办法确定：

①凡由省级人民政府确定的单位组织测定土地面积的，以测定的土地面积为准。

②尚未组织测定，但纳税人持有政府部门核发的土地使用证书的，以证书确定的土地面积为准。

③尚未核发土地使用证书的，应由纳税人据实申报土地面积，并据以纳税，待核发土地使用证书后再作调整。

知道了城镇土地使用税的计税依据后，就可以用其乘以适用税额，计算应纳税额，公式如下。

城镇土地使用税年应纳税额 = 实际占用土地面积（平方米）× 适用税额

下面来看一个简单的案例。

实例分析

核算公司占用应税土地从事生产经营活动应缴纳的城镇土地使用税

某公司从事生产经营活动，实际占用土地面积共30 000平方米，经当地税务机关核定，该公司所在地段适用城镇土地使用税税率为每平方米年应纳税额10.00元。计算该公司全年应缴纳的城镇土地使用税税额。

年应纳税额 =30 000×10.00=300 000.00（元）

由于城镇土地使用税按年计算、分期缴纳，因此，在计提时应核算全年应纳税额，但实际缴纳时，按每个纳税期实际缴纳的税款做账。假设该公司按季缴纳城镇土地使用税，则账务处理如下。

① 按年计算应纳税额。
借：税金及附加　　　　　　　　　　　　　　300 000.00
　　贷：应交税费——应交城镇土地使用税　　　　300 000.00
② 按季缴纳税款。
季度税款 = 300 000.00÷4=75 000.00（元）
借：应交税费——应交城镇土地使用税　　　　75 000.00
　　贷：银行存款　　　　　　　　　　　　　　75 000.00
以后每个季度缴纳税款时，做相同的会计分录。

无论是上一小节介绍的土地增值税，还是本小节介绍的城镇土地使用税，在计提应纳税额时，都要通过"应交税费"科目进行核算，计入税金及附加。

06 了解耕地占用税

纳税人需要缴纳耕地占用税，是因为纳税人占用耕地建房或从事非农业建设。所以，耕地占用税的纳税人是在我国境内占用耕地建房或从事非农业建设的单位或个人。

而耕地占用税的征税范围则包括纳税人为建房（包括建设建筑物和构筑物，但建设农田水利设施除外）或从事非农业建设而占用的国家所有和集体所有的耕地。注意，纳税人占用园地、林地、草地、农田水利地、养殖水面以及养殖滩涂等其他农用地建房或从事非农业建设的，也需要缴纳耕地占用税，只不过适用税额可适当低于当地占用耕地的适用税额。

关于上述征税范围，具体说明见表5-4。

表5-4　耕地占用税的征税范围说明

征税范围	说　　明
耕地	指用于种植农作物的土地
园地	包括果园、茶园、其他园地
林地	包括林地、灌木林地、疏林地、未成林地、迹地、苗圃等，但不包括居民点内部的绿化林木用地，铁路、公路征地范围内的林木用地，以及河流、沟渠的护堤林用地
农田水利用地	包括农田排灌沟渠及相应附属设施用地

续上表

征税范围	说　明
养殖水面	包括人工开挖或天然形成的用于水产养殖的河流水面、湖泊水面、水库水面、坑塘水面及相应附属设施用地
养殖滩涂	包括专门用于种植或养殖水生植物的海水潮浸地带和滩地

耕地占用税实行定额税率，具体根据不同地区的人均耕地面积和经济发展情况实行有地区差别的幅度税额标准，见表5-5。

表5-5　耕地占用税的定额税率标准

地　区	税率标准
人均耕地不超过1亩的地区（以县级行政区为单位，下同）	每平方米10元~50元
人均耕地超过1亩但不超过2亩的地区	每平方米8元~40元
人均耕地超过2亩但不超过3亩的地区	每平方米6元~30元
人均耕地超过3亩的地区	每平方米5元~25元

国务院根据人均耕地面积和经济发展情况，规定各省、自治区、直辖市耕地占用税的平均税额。各省、自治区、直辖市耕地占用税适用税额的平均水平不得低于国务院规定的本地区平均税额。

经济特区、经济技术开发区和经济发达且人均耕地特别少的地区，适用税额可适当提高，但提高的部分最高不得超过国务院规定的当地适用税额的50%。

占用基本农田的，适用税额应在国务院规定的当地适用税额的基础上提高50%；占用基本农田以外的优质耕地，适用税额可适当提高，但提高的部分最高不得超过国务院规定的当地适用税额的50%。

07 核算耕地占用税应纳税额

纳税人在核算耕地占用税的应纳税额时，需要先确定计税依据。耕地占用税的计税依据为纳税人实际占用的耕地面积，计算时也用平方米为计量单位，然后按照规定的适用税额一次性征收。

注意，纳税人实际占用耕地面积的核定以农用地专用审批文件为主要依据，必要时应当实地勘测。

知道了耕地占用税的计税依据后，就可以用其乘以适用税额，计算应纳税额，公式如下：

耕地占用税应纳税额 = 实际占用耕地面积（平方米）× 适用税额

下面来看具体的案例。

> **实例分析**
>
> **核算公司占用耕地从事生产经营活动应缴纳的耕地占用税**
>
> 某公司于2×22年6月设立经营，办公地点实际占用了耕地，总面积为15 000平方米，经税务机关核定，该公司所在地段适用城镇土地使用税税率为每平方米18.00元。计算该公司因占用耕地生产经营需要缴纳的耕地占用税税额。
>
> 耕地占用税应纳税 = 15 000 × 18.00 = 270 000.00（元）
>
> 注意，耕地占用税在纳税义务发生时一次性缴纳完毕，并且耕地占用税应纳税额不通过"应交税费"科目单独核算，也就不计入税金及附加。缴纳税款时，将其金额计入相关资产的入账价值。比如，该公司占用耕地用于建设厂房和办公楼，则可以根据厂房（100.00万元）和办公楼（120.00万元）的价值，按比例分摊耕地占用税应纳税额，但都计入相应固定资产的入账价值。
>
> 分摊入厂房的耕地占用税应纳税额 = 270 000.00 ×（100.00 ÷ 220.00）≈ 122 727.27（元）
>
> 分摊入办公楼的耕地占用税应纳税额 = 270 000.00 ×（120.00 ÷ 220.00）≈ 147 272.73（元）
>
> 缴纳耕地占用税后，编制如下会计分录。
>
> 借：固定资产——厂房　　　　　　　　　　1 122 727.27
> 　　　　　　——办公楼　　　　　　　　　1 347 272.73
> 　贷：银行存款　　　　　　　　　　　　　2 470 000.00

二、与车船有关的税务处理

有人会问，我买车需不需要缴纳相关税费呢？第二年及以后还会不会因为用车而需要缴纳税费呢？要为自己解惑，就需要知道与车船相关的一些税种知识，以及税收征收管理规定和应纳税额的计算方法等，防止自己无意之中成了偷逃税款的人。

⑧ 在买车时一次性缴纳车辆购置税

没错，与买车这一举动有关的车辆购置税，在买车时一次性缴纳完毕，后期就不需要再缴纳车辆购置税了。

在我国境内购置规定车辆的单位和个人，为车辆购置税的纳税人。这里所说的"规定车辆"即应税车辆，根据《中华人民共和国车辆购置税法》的规定，应税车辆包括汽车、有轨电车、汽车挂车以及排气量超过一百五十毫升的摩托车。这也是车辆购置税的征税范围。

车辆购置税采用10%的固定比例税率，纳税人要想准确核算自己应缴纳的车辆购置税税额，还需要知道该税种的计税依据，通常为计税价格。取得应税车辆的方式不同，计税价格的确定方法会有不同，具体见表5-6。

表5-6 车辆购置税的计税依据

应税车辆取得方式	计税价格
纳税人购买自用的应税车辆	纳税人购买应税车辆所支付给销售者的全部价款和价外费用，不包括增值税税款
纳税人进口自用的应税车辆	计税价格＝关税完税价格＋关税＋消费税
纳税人自产、受赠、获奖或以其他方式取得并自用的应税车辆	由主管税务机关参照国家税务总局规定的最低计税价格核定
纳税人购买自用或进口自用应税车辆，申报的计税价格低于同类型应税车辆的最低计税价格，又无正当理由的	为国家税务总局核定的最低计税价格
国家税务总局未核定最低计税价格的应税车辆	为纳税人提供的有效价格证明注明的价格；有效价格证明注明的价格明显偏低的，主管税务机关有权核定应税车辆的计税价格

⑨ 核算车辆购置税应纳税额

车辆购置税实行从价定率方法计征应纳税额，计算公式如下：

应纳税额 ＝ 计税依据 ×10%

对于进口应税车辆的应纳税额，由于其计税价格的确定比较特别，因此可用如下计算公式核算。

进口应税车辆的应纳税额 ＝（关税完税价格 ＋ 关税 ＋ 消费税）×10%

下面来看一些具体的案例。

> **实例分析**
>
> **计算不同情形下的车辆购置税的应纳税额**
>
> 【例1】
>
> 　　某公司为了方便领导或责任人外出办公，购入一台应税车辆，收到的增值税专用发票上注明不含税价款82 000.00元，另发生价外费用共计2 000.00元。已知车辆购置税适用税率为10%，计算该公司购买自用的车辆应缴纳的车辆购置税税额。
>
> 　　计税价格=82 000.00+2 000.00=84 000.00（元）
>
> 　　应纳税额=84 000.00×10%=8 400.00（元）
>
> 【例2】
>
> 　　某公司从境外购买一辆自用的小汽车，报关进口时缴纳关税3.50万元，缴纳消费税1.26万元。已知"海关进口关税专用缴款书"注明的关税完税价格为14.00万元，计算公司进口该自用小汽车需要缴纳多少车辆购置税税款？
>
> 　　计税价格=14.00+3.50+1.26=18.76（万元）
>
> 　　应纳税额=187 600.00×10%=18 760.00（元）

　　注意，纳税人因取得应税车辆而需要缴纳的车辆购置税税额，不需要通过"应交税费"科目单独核算，也就不需要计入税金及附加。在纳税义务发生时，直接按实际缴纳的车辆购置税税额，计入相关车辆的入账价值。比如，上述案例中【例1】，直接在购买车辆时编制如下会计分录：

　　借：固定资产　　　　　　　　　　　　　　　　90 400.00
　　　贷：银行存款　　　　　　　　　　　　　　　　　　90 400.00

⑩ 每年使用车船需要按年缴纳车船税

　　在中华人民共和国境内属于税法规定的车辆、船舶的所有人或管理人，为车船税的纳税人。而从事机动车第三者责任强制保险业务的保险机构为机动车车船税的扣缴义务人。

　　那么，车船税的征税范围是怎样的呢？在中华人民共和国境内属于车船税法规定的应税车辆和船舶，就是车船税的征税范围，具体包括以下两类。

①依法应在车船登记管理部门登记的机动车辆和船舶。

②依法不需要在车船登记管理部门登记的在单位内部场所行驶或作业的机动车辆和船舶。

注意，车船税并不像车辆购置税一样只缴纳一次，它需要纳税人在使用应税车船期间，按年缴纳。换句话说，只要纳税人还在使用应税车辆，就要按规定每年缴税。

对车船税的征税范围进行细分，可分为五大类应税税目：乘用车、商用车、其他车辆、摩托车和船舶，简单说明如图5-4所示。

01 乘用车，核定载客人数9人（含）以下的车辆

02 商用车，包括客车和货车，客车为核定载客人数9人（含）以上的车辆（包括电车）；货车包括半挂牵引车、挂车、客货两用汽车、三轮汽车和低速载货汽车等

03 其他车辆，包括专用作业车和轮式专用机械车等，不包括拖拉机

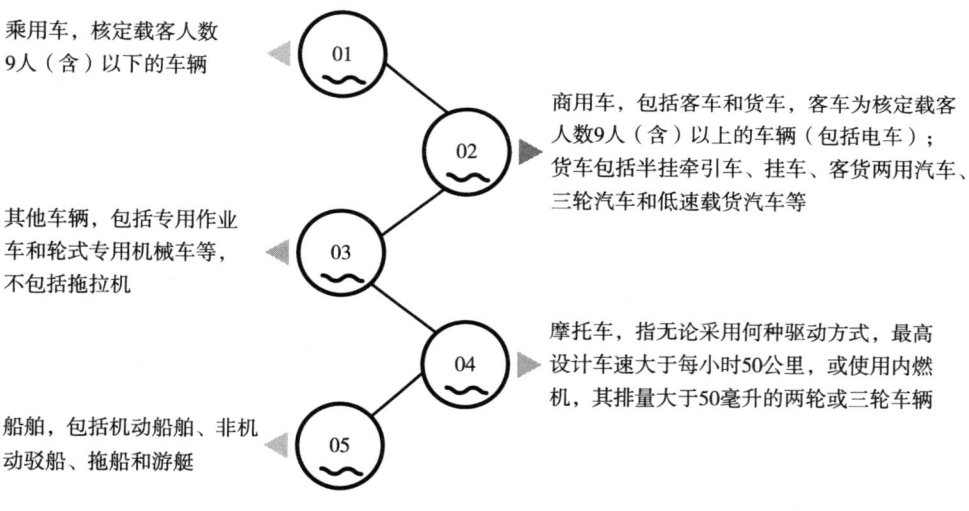

04 摩托车，指无论采用何种驱动方式，最高设计车速大于每小时50公里，或使用内燃机，其排量大于50毫升的两轮或三轮车辆

05 船舶，包括机动船舶、非机动驳船、拖船和游艇

图 5-4　车船税的五大应税税目

纳税人要正确核算应缴纳的车船税税额，除了要知道征税范围，还应熟悉车船税应税税目对应的税率。车船税采用定额税率，即固定税额。根据《中华人民共和国车船税法》的规定，对应税车辆实行有幅度的定额税率，而车辆的具体适用税额由省、自治区、直辖市人民政府依照相关税法规定的税额幅度和国务院的规定确定，并报国务院备案。车船税税目税额见表5-7。

表 5-7　车船税税目税率表

税　目		计税单位	年基准税额（元）
乘用车（按发动机气缸容量或排气量分档）	1.0升（含）以下的	每辆	60～360

续上表

税　　目		计税单位	年基准税额（元）
乘用车（按发动机气缸容量或排气量分档）	1.0 升以上至 1.6 升（含）的	每辆	300 ~ 540
	1.6 升以上至 2.0 升（含）的		360 ~ 660
	2.0 升以上至 2.5 升（含）的		660 ~ 1 200
	2.5 升以上至 3.0 升（含）的		1 200 ~ 2 400
	3.0 升以上至 4.0 升（含）的		2 400 ~ 3 600
	4.0 升以上的		3 600 ~ 5 400
商用车	客车	每辆	480 ~ 1 440
	货车	整备质量每吨	16 ~ 120
挂车	—	—	按货车税额的 50% 计算
其他车辆	专用作业车	整备质量每吨	16 ~ 120
	轮式专用机械车		
摩托车	—	每辆	36 ~ 180
船舶	机动船舶	净吨位每吨	3 ~ 6
	拖船	—	按机动船舶税额的 50% 计算
	非机动驳船	—	
	游艇	艇身长度每米	600 ~ 2 000

车船税以车船的计税单位数量为计税依据，从上表中可以看出，乘用车、商用客车和摩托车，以辆数为计税依据；商用货车、专用作业车、挂车和轮式专用机械车，以整备质量吨位数为计税依据；机动船舶、非机动驳船和拖船，以净吨位数为计税依据；游艇以艇身长度为计税依据。

⑪ 核算车船税应纳税额

在知道了车船税的征税范围、应税税目及税额标准、计税依据后，下一步就可以计算出应缴纳的车船税税额。注意，由于车船税各应税税目的计税依据不同，因此适用的计算公式也不同，大致包括如下一些：

乘用车、商用客车和摩托车的应纳税额 = 辆数 × 适用年基准税额

商用货车、专用作业车和轮式专用机械车的应纳税额 = 整备质量吨位数 × 适用年基准税额

挂车的应纳税额 = 整备质量吨位数 × 适用年基准税额 ×50%
机动船舶的应纳税额 = 净吨位数 × 适用年基准税额
拖船和非机动驳船的应纳税额 = 净吨位数 × 适用年基准税额 ×50%
游艇的应纳税额 = 艇身长度 × 适用年基准税额

注意，如果纳税人购置新车船时，购置当年的应纳税额自纳税义务发生的当月起按月计算，公式如下。

购置当年应纳税额 = 计税依据 × 适用年基准税额 ÷12× 应纳税月份数

实例分析

计算不同情形下的车船税应纳税额

【例1】

2×22年7月18日，某公司购买了一辆发动机气缸容量为2.2升的乘用车，车船税适用的年基准税额为930.00元。该公司因为这辆乘用车每年需要缴纳多少车船税税额？2×22年需要缴纳多少车船税税额？

车船税年应纳税额 =930.00×1=930.00（元）

2×22年应缴纳车船税税额 =1×930.00÷12×6=465.00（元）

【例2】

2×22年7月18日，某公司购买了一辆用于运输货物的货车，整备质量吨位数共1.7吨，车船税适用的年基准税额为68.00元。该公司因这辆货车每年需要缴纳多少车船税税额？

车船税年应纳税额 =1.7×68.00=115.60（元）

【例3】

2×22年7月18日，某公司购入两轮机动船舶，一轮净吨位1 500吨，一轮净吨位2 500吨。已知净吨位超过200吨但不超过2 000吨的，适用年基准税额为4.00元；净吨位超过2 000吨但不超过10 000吨的，适用年基准税额为5.00元。那么，该公司因这两轮机动船舶每年需要缴纳的车船税税额有多少呢？如果这两轮都是非机动驳船，则每年又需要缴纳多少车船税呢？

机动船舶每年应缴纳车船税税额 =1 500×4.00+2 500×5.00
　　　　　　　　　　　　　　 =18 500.00（元）

非机动驳船每年应缴纳车船税税额 =18 500.00×50%=9 250.00（元）

【例4】

2×22年7月18日，某公司因为业务需要，购入一轮游艇，身长20米，已知艇身长度超过18米但不超过30米的，适用年基准税额为1 300.00元。那么，该公司因这轮游艇每年需要缴纳多少车船税？

游艇每年应纳车船税税额 =20×1 300.00=26 000.00（元）

注意，纳税人在发生车船税纳税义务时，要向车船登记地申报缴纳车船税。而且，车船税按年申报、分月计算、一次性缴纳。所以，相关账务处理以【例1】为例，进行介绍。

① 2×22年按年申报并缴纳时。

借：应交税费——应交车船税　　　　　　　465.00
　　贷：税金及附加　　　　　　　　　　　　　465.00

② 2×22年按月计算时。

每月应纳税额 =930.00÷12=77.50（元）

借：税金及附加　　　　　　　　　　　　　77.50
　　贷：应交税费——应交车船税　　　　　　　77.50

由此可见，纳税人在计提每月应缴纳的车船税时，需要通过"应交税费"科目进行核算，并计入税金及附加。

⑫ 简单认识船舶吨税

船舶吨税简称吨税，与车船税是两种税，船舶吨税只对自中国境外港口进入境内港口的船舶征税，即征税环节为入境时。

船舶吨税的纳税人为应税船舶的负责人。

吨税按照船舶净吨位的大小，分等级设置四个税目。税率采用定额税率，分为30日、90日和一年这三种不同入境期限的税率，且每一种期限又会对应普通税率和优惠税率。我国国籍的应税船舶、船籍国（地区）与我国签订含有互相给予船舶税费最惠国待遇条款的条约或协定的应税船舶，适用优惠税率；其他应税船舶适用普通税率。我国现行吨税税率标准见表5-8。

表 5-8　吨税税目税率表

税　目 （按船舶净吨位划分）	税率（元/净吨）					
	普通税率（按执照期限划分）			优惠税率（按执照期限划分）		
	1年	90日	30日	1年	90日	30日
不超过 2 000 净吨	12.6	4.2	2.1	9.0	3.0	1.5
超过 2 000 净吨，不超过 10 000 净吨	24.0	8.0	4.0	17.4	5.8	2.9
超过 10 000 净吨，不超过 50 000 净吨	27.6	9.2	4.6	19.8	6.6	3.3
超过 50 000 净吨	31.8	10.6	5.3	22.8	7.6	3.8

注意，拖船按照发动机功率每千瓦折合净吨位 0.67 吨；无法提供净吨位证明文件的游艇，按照发动机功率每千瓦折合净吨位 0.05 吨；拖船和非机动驳船分别按相同净吨位船舶税率的 50% 计征。

比如，净吨位为 2 000 吨的拖船，按照净吨位为 2 000 吨的船舶税率的 50% 计征船舶吨税，假设 2 000 吨的船舶适用吨税税率为 4.2 元/净吨，则净吨位为 2 000 吨的拖船按照 2.1 元（4.2×50%）/净吨计征船舶吨税。

⑬ 核算船舶吨税应纳税额

吨税以船舶净吨位为计税依据，应税船舶纳税人按照船舶净吨位和吨税执照期限计缴。在每次申报纳税时，可按照吨税税目税率表选择申领一种期限的吨税执照，并按照如下计算公式确定吨税应纳税额。

应纳税额 = 应税船舶净吨位 × 适用税率

实例分析

计算应税船舶吨税的应纳税额

2×22 年 7 月 19 日，某国某公司的某货轮停靠进上海港装卸货物。该货轮净吨位为 10 000 吨，货轮负责人已向我国海关领取了船舶吨税执照，在港口停留期限为 30 天。已知该国与我国签订含有互惠给予船舶税费最惠国待遇条款的条约。那么，该艘货轮因停靠上海港需要缴纳的吨税税额是多少呢？

解析：货轮净吨位为 10 000 吨，执照期限为 30 日，且适用优惠税率，因此确定适用吨税税率为 2.9 元/净吨。

应纳税额 =10 000×2.9=29 000.00（元）

由于船舶吨税纳税义务发生时间为应税船舶进入港口的当天，税款由海关负责征收。因此，上述案例中应税船舶的负责人应在 2022 年 7 月 19 日当天向海关申报纳税，并在规定期限内缴清税款。

三、其他税种的税务处理

进出口都要缴纳关税？签订合同会不会涉及税费缴纳？开采自然资源的纳税人能随便开采而不用缴税吗？有些企业的生产活动会给环境带来巨大伤害，就没有约束办法吗？吸烟有害健康，但市场中仍有各类烟制品存在，怎样才能保持其流通量的平衡性呢？答案就是征税。

⑭ 从税率认识关税

在我国，目前对进出境货物征收的关税分为进口关税和出口关税两类。那么，哪些人是关税的纳税义务人呢？根据不同情形，关税的纳税人身份不同，大致分为两大类，如图 5-5 所示。

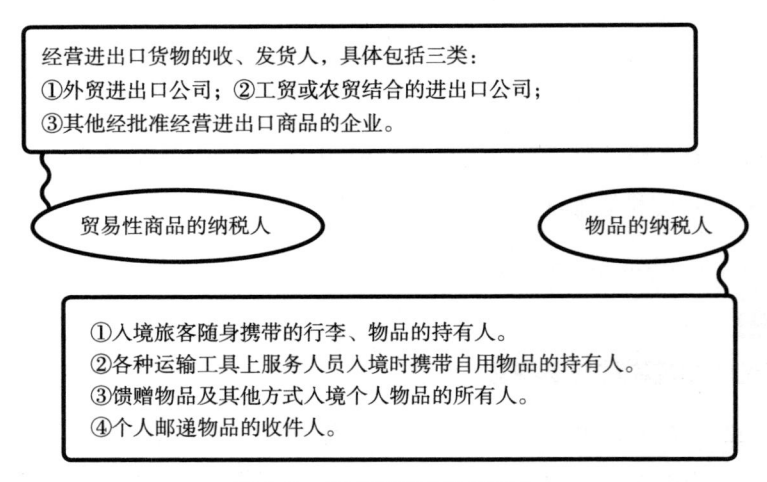

```
贸易性商品的纳税人：
经营进出口货物的收、发货人，具体包括三类：
①外贸进出口公司；
②工贸或农贸结合的进出口公司；
③其他经批准经营进出口商品的企业。

物品的纳税人：
①入境旅客随身携带的行李、物品的持有人。
②各种运输工具上服务人员入境时携带自用物品的持有人。
③馈赠物品及其他方式入境个人物品的所有人。
④个人邮递物品的收件人。
```

图 5-5　关税的两大类纳税人

注意，接受纳税人委托办理货物报关等有关手续的代理人，可以代办纳税手续。

总结得出，关税的课税对象为进出境的货物、物品。凡是准予进出口的货物，除国家另有规定的以外，均应由海关征收进口关税或出口关税。对于从境外采购进口的原产于中国境内的货物，也应按规定缴纳进口关税。

关税的税目、税率都由《中华人民共和国海关进出口税则》规定，纳税人如果要自行核算应缴纳的关税税额，可直接参考相关税则的内容，这里不逐一列举。下面只简单介绍我国进口税率的几种类型，见表5-9。

表5-9 进口关税税率的类型

类 型	简 述
普通税率	原产于未与我国共同适用最惠国条款的世界贸易组织成员，未与我国订有相互给予最惠国待遇、关税优惠条款贸易协定和特殊关税优惠条款贸易协定的国家或地区的进口货物，以及原产地不明的货物所适用的税率
最惠国税率	原产于与我国共同适用最惠国条款的世界贸易组织成员的进口货物，原产于与我国签订含有相互给予最惠国待遇的双边贸易协定的国家或地区的进口货物，以及原产于我国的进口货物所适用的税率
协定税率	原产于与我国签订含有关税优惠条款的贸易协定的国家或地区的进口货物所适用的税率
特惠税率	原产于与我国签订含有特殊关税优惠条款的贸易协定的国家或地区的进口货物所适用的税率
关税配额税率	指关税配额限度内的税率。关税配额是进口国限制进口货物数量的措施，把征收关税和进口配额相结合以限制进口。对于在配额内进口的货物，可适用较低的关税配额税率，对于配额外的则适用较高税率
暂定税率	是在最惠国税率的基础上，对一些国内需要降低进口关税的货物，以及出于国际双边关系的考虑需要个别安排的进口货物，实行暂定税率

至于纳税人进出口时具体适用怎样的税率，直接以海关核定为准。

⑮ 确定关税的计税依据很重要

我国对进出口货物征收的关税，主要采取从价计征办法，以进出口货物的完税价格为计税依据。当然，不同的进出口情况，完税价格的确定规则是不一样的，下面分进口货物和出口货物作详细介绍。

（1）进口货物的完税价格

对于进口货物，纳税人在确定其完税价格时，又要分两类情形确定。

◆ 一般贸易项下的进口货物

一般贸易项下的进口货物，以海关审定的成交价格为基础的到岸价格为完税价格。

这里，成交价格是一般贸易项下进口货物的买方为购买该项货物而向卖方实际支付或应支付的价格。在货物成交过程中，进口人在成交价格以外另支付给卖方的佣金，也要计入成交价格；而向境外采购代理人支付的买方佣金，不计入成交价格，如果已经计入，应从成交价格中扣除；卖方付给进口人的正常回扣，应从成交价格中扣除，换句话说，就是成交价格要扣除进口人获得的正常回扣；卖方违反合同规定延期交货的罚款，卖方在货价中冲减时，罚款不能从成交价格中扣除。

到岸价格是指包括了货价和货物运抵我国关境内输入地点起卸前的包装费、运费、保险费和其他劳务费等费用构成的一种价格，还包括为了在境内生产、制造、使用或出版、发行的目的而向境外支付的与该进口货物有关的专利、商标、著作权、专有技术、计算机软件和资料等费用。

当进口货物的到岸价格不能确定时，海关应本着公正、合理的原则，按规定估定完税价格。

> **拓展贴士** *什么是一般贸易*
>
> 在进出口贸易中，一般贸易是指中国境内有进出口经营权的企业单边进口或单边出口的贸易，对应的项目就为一般贸易项。

◆ 特殊贸易下的进口货物

纳税人在某些特殊、灵活的贸易方式（如寄售等）下进口的货物，因进口时无"成交价格"作计税依据，所以需要按照特殊规定确定其完税价格，见表5-10。

表5-10 进口时特殊贸易的完税价格确定方法

特殊情形	完税价格
运往境外加工的货物，出境时已向海关报明，并在海关规定期限内复运进境的	以加工后货物进境时的到岸价格与原出境货物价格的差额为完税价格；无法得到原出境货物的到岸价格的，可用原出境货物相同或类似货物的在进境时的到岸价格，或用原出境货物申报出境时的离岸价格代替 如果上述方法均不能确定，则可用原出境货物在境外支付的工缴费加上运抵中国关境输入地点起卸前的包装费、运费、保险费和其他劳务费等之和作为完税价格

续上表

特殊情形	完税价格
运往境外修理的机械器具、运输工具或其他货物，出境时已向海关报明并在海关规定期限内复运进境的	以海关审定的修理费和料件费之和作为完税价格
租借和租赁进口货物	以海关审查确定的货物租金作为完税价格
国内单位留购的进口货样、展览品和广告陈列品	以留购价格作为完税价格。如果买方除了按留购价格付款外，还直接或间接给卖方一定利益的，海关可以另行确定货物的完税价格
逾期未出境的暂进口货物	比如，经海关批准暂时进口的施工机械、工程车辆、供安装使用的仪器和工具、电视或电影摄制机械，以及盛装货物的容器等，如果入境超过半年仍留在国内使用，应从第七个月起，按月征收进口关税，按照原货进口时的到岸价格确定完税价格
转让出售进口减免税货物	按照特定减免税办法批准予以减免税进口的货物，在转让或出售而需要补税时，可按这些货物原进口时的到岸价格确定其完税价格，公式：完税价格 = 原入境到岸价格 ×[1－实际使用月份 ÷（管理年限 ×12）]

（2）出口货物的完税价格

出口的货物，应以海关审定的货物售予境外的离岸价格，扣除出口关税后的余额，作为完税价格。相关计算公式如下：

出口货物完税价格 = 离岸价格 ÷（1+ 出口税率）

从上述计算公式中似乎难以看出概念所说的"离岸价格 – 出口关税 = 出口货物完税价格"这一关系。其实推导很简单，具体如下：

①将等式右侧的括号移动到左侧。

出口货物完税价格 ×（1+ 出口税率）= 离岸价格

②将等式变形。

出口货物完税价格 + 出口货物完税价格 × 出口税率 = 离岸价格

③将等式再次变形。

出口货物完税价格 + 出口关税 = 离岸价格

所以，出口货物以海关审定的离岸价格减去出口关税后的余额作为完税价格。注意，这里的离岸价格应以该项货物运离关境前的最后一个口岸的离岸价格为实际离岸价格。如果该项货物从内地起运，则从内地口岸至最后出境口岸所支付的国内段运输费用应予以扣除。离岸价格不包括装船后发生的费用。

当离岸价格不能确定时，完税价格由海关估定。

纳税人在了解了关税的税率和完税价格后，核算关税应纳税额就完成了一大半。在我国，关税应纳税额的计算方式主要有三种：从价计征、从量计征和复合计征。

①从价计征是以进（出）口货物的完税价格为计税依据，公式如下：

应纳税额 = 应税进（出）口货物数量 × 单位完税价格 × 适用税率

②从量计征是以进口商品的数量为计税依据，公式如下：

应纳税额 = 应税进口货物数量 × 关税单位税额

③复合计征是对某种进口货物同时使用从价和从量计征，公式如下：

应纳税额 = 应税进口货物数量 × 单位完税价格 × 适用税率 + 应税进口货物数量 × 关税单位税额

由于关税应纳税额的计算涉及复杂的税率选用，而且还会涉及汇率的换算，实务中通常按照海关核定的税额进行缴纳，无须纳税人自行核算，因此这里不再列举计算案例。

⑯ 从印花税的征税范围知纳税人

根据《中华人民共和国印花税法》的规定，在中华人民共和国境内书立应税凭证、进行证券交易的单位和个人，为印花税的纳税人，应按照本法规定缴纳印花税。那么，这些纳税人都涉及怎样的身份呢？从征税范围来看，印花税的征税范围可分为四大类，如图 5-6 所示。

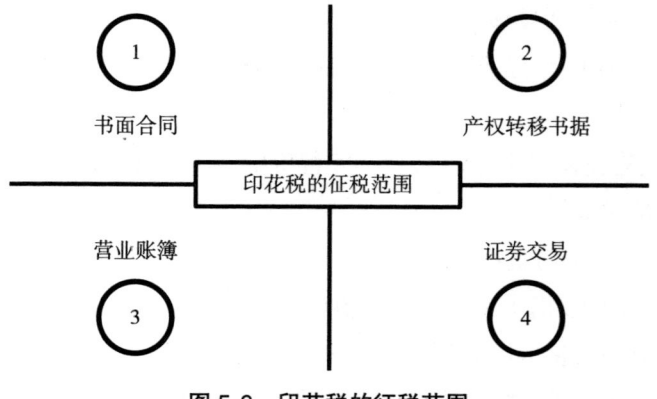

图 5-6　印花税的征税范围

1. 书面合同
2. 产权转移书据
3. 营业账簿
4. 证券交易

所以，印花税的纳税人有立合同人、立据人、立账簿人和证券交易出让方。

立合同人。即合同当事人，是对凭证有直接权利义务关系的单位和个人，但不包括合同的担保人、证人和鉴定人。

立据人。即书立产权转移书据的单位和个人。

立账簿人。即开立并使用营业账簿的单位和个人。

证券交易出让方。即证券交易中卖出证券的一方。

⑰ 了解印花税的应税税目与税率

为了更进一步了解印花税的具体征税范围，同时熟悉各印花税税目对应的税率，纳税人需要借助印花税税目税率表来学习。根据最新的《中华人民共和国印花税法》附列的印花税税目税率表，可以编制总结出的税目和税率内容见表5-11。

表5-11 印花税税目税率表

税 目		税 率	备 注
书面合同	借款合同	借款金额的0.05‰	指银行业金融机构、经国务院银行业监督管理机构批准设立的其他金融机构与借款人（不包括同业拆借）的借款合同
	融资租赁合同	租金的0.05‰	—
	买卖合同	价款的0.3‰	指动产买卖合同（不包括个人书立的动产买卖合同）
	承揽合同	报酬的0.3‰	—
	建设工程合同	价款的0.3‰	—
	运输合同	运输费的0.3‰	—
	技术合同	价款、报酬或使用费的0.3‰	—
	租赁合同	租金的1‰	—
	保管合同	保管费的1‰	—
	仓储合同	仓储费的1‰	—
	财产保险合同	保险费的1‰	不包括再保险合同

续上表

税 目		税 率	备 注
产权转移书据	土地使用权出让书据	价款的 0.5‰	转让包括买卖（出售）、继承、赠予、互换、分割
	土地使用权、房屋等建筑物和构筑物所有权转让书据（不包括土地承包经营权和土地经营权转移）	价款的 0.5‰	
	股权转让书据（不包括应缴纳证券交易印花税的）	价款的 0.5‰	
	商标专用权、著作权、专利权、专有技术使用权转让书据	价款的 0.3‰	
营业账簿		实收资本（股本）、资本共计合计金额的 0.25‰	—
证券交易		成交金额的 1‰	—

(18) 核算印花税应纳税额

纳税人要正确核算印花税应纳税额，不仅要知道各税目对应的税率，还应知道各税目对应的计税依据。下面就从不同的税目入手，看看计税依据和应纳税额的确定。

◆ 应税合同

应税合同的计税依据，为合同列明的价款或报酬，不包括增值税税款。合同中价款或报酬与增值税税款未分开列明的，按照合计金额确定。

应税合同的印花税应纳税额 = 价款或报酬 × 适用税率

◆ 应税产权转移书据

应税产权转移书据的计税依据，为产权转移书据列明的价款，不包括增值税税款。产权转移书据中价款与增值税税款未分开列明的，按照合计金额确定。

应税产权转移书据的印花税应纳税额 = 价款 × 适用税率

> **拓展贴士** 应税合同和产权转移书据未列明价款或报酬的计税依据的确定方法
>
> 应税合同、产权转移书据未列明价款或报酬的，按照下列方法确定计税依据。
> ①按照订立合同、产权转移书据时的市场价格确定；依法应当执行政府定价的，按照其规定确定。
> ②不能按照前一规定的方法确定的，按照实际结算的价款或报酬确定。

◆ 应税营业账簿

应税营业账簿的计税依据，为营业账簿记载的实收资本（股本）、资本公积合计金额。

应税营业账簿的印花税应纳税额 = 实收资本（股本）、资本公积合计金额 × 适用税率

◆ 证券交易

证券交易的计税依据为成交金额。以非集中交易方式转让证券时无转让价格的，按照办理过户登记手续前一个交易日收盘价计算确定计税依据；办理过户登记手续前一个交易日无收盘价的，按照证券面值计算确定计税依据。

应税证券交易的印花税应纳税额 = 成交金额或依法确定的计税依据 × 适用税率

> **拓展贴士** 关于印花税计税依据和应纳税额的特殊规定
>
> 纳税人有以下情形的，税务机关可核定纳税人印花税计税依据。
> ①未按规定建立印花税应税凭证登记簿，或未如实登记和完整保存应税凭证。
> ②拒不提供应税凭证或不如实提供应税凭证致使计税依据明显偏低。
> ③采用按期汇总缴纳办法的，未按税务机关规定的期限报送汇总缴纳印花税情况报告，经税务机关责令限期报告，逾期仍不报告的，或税务机关在检查中发现纳税人有未按规定汇总缴纳印花税情况的。
>
> 纳税人的同一应税凭证出现下列情形的，按规定计算确定应纳税额。
> ①同一应税凭证载有两个或两个以上经济事项并分别列明价款或报酬的，按照各自适用税目税率计算应纳税额；未分别列明价款或报酬的，按税率高的计算应纳税额。
> ②同一应税凭证由两方或两方以上当事人订立的，应按照各自涉及的价款或报酬分别计算应纳税额。

实例分析

核算不同应税税目的印花税应纳税额

【例1】

某公司为电力供应公司，与某运输公司签订了两份运输保管合同。第一份合同载明的金额合计60.00万元，运费和保管费未分别记载；第二份合同分别载明运费45.00万元、保管费15.00万元。那么，该电力供应公司两份合同分别应缴纳多少印花税呢？

解析：第一份合同属于同一应税凭证载有两个经济事项，但未分别列明价款的情况，纳税人需要按照税率高的计算应纳税额。运输合同适用印花税税率为0.3‰，而保管合同适用印花税税率为1‰。所以，第一份合同需要按照1‰的税率，对合计金额60.00万元计缴印花税。而第二份合同属于同一应税凭证载有两个经济事项，且分别列明价款的情况，纳税人按照各自适用税目税率计算应纳税额。

第一份合同应缴纳印花税税额=600 000.00×1‰=600.00（元）

第二份合同应缴纳印花税税额=450 000.00×0.3‰+150 000.00×1‰=285.00（元）

【例2】

某公司2022年设立的营业账簿中，实收资本和资本公积合计金额为960.00万元。计算该公司需要缴纳的印花税税额。

应税营业账簿应缴纳印花税税额=9 600 000.00×0.25‰=2 400.00（元）

【例3】

某公司持有其他公司的股票，2×22年7月20日对外转让手中的股票，成交金额共80.25万元。计算该公司发生证券交易需要缴纳的印花税税额。

应税证券交易应缴纳印花税税额=802 500.00×1‰=802.50（元）

注意，当纳税人发生印花税纳税义务时，不需要通过"应交税费"科目核算印花税应交税额，而是直接计入税金及附加，并以银行存款支付。比如【例3】编制如下会计分录。

借：税金及附加　　　　　　　　　　　802.50
　　贷：银行存款　　　　　　　　　　802.50

⑲ 简单了解资源税

资源税是对在我国境内从事应税矿产品开采或生产盐的单位和个人征收的一种税。所以，该税种的纳税人是指在中华人民共和国领域及管辖海域开采《中华人民共和国资源税法》规定的矿产品或生产盐的单位和个人。

另外，收购未税矿产品的单位为资源税的扣缴义务人，这里的"单位"是指独立矿山、联合企业和其他单位。

下面就从征税范围和税率等角度对资源税进行大致介绍。

（1）资源税的征税范围

我国资源税目前的征税范围仅涉及矿产品和盐两大类，具体又分为五个类别，如图5-7所示。

1	2	3	4	5
能源矿产	金属矿产	非金属矿产	水气矿产	盐

图 5-7　资源税的征税范围

其中，能源矿产包括原油；天然气、页岩气、天然气水合物；煤；煤成（层）气；铀、钍；油页岩、油砂、天然沥青、石煤；地热。

金属矿产包括黑色金属（如铁、锰、铬、钒、钛）和有色金属（如铜、铅、锌、锡、镍、锑、镁、钴、铋、汞、铝土矿、钨、钼、金、银、铂、钯、钌、锇、铱、铑、轻稀土、中重稀土等）。

非金属矿产包括矿物类（如高岭土、石灰岩、天然石英砂、脉石英、叶蜡石和其他黏土等）、岩石类（如大理岩、花岗岩、石英岩、辉绿岩、玄武岩等）和宝玉石类（如宝石、玉石、宝石级金刚石、玛瑙、黄玉和碧玺）。

水气矿产包括二氧化碳气、硫化氢气、氦气、氡气、矿泉水。

盐包括钠盐、钾盐、镁盐、锂盐、天然卤水和海盐。

具体的应税税目可进入中国人大网，查看相关法律文件的内容。

（2）资源税的税率

资源税采用比例税率和定额税率两种形式，具体可参考《中华人民共和国资源税法》附列的税目税率表，这里不做展示。

（3）资源税的计税依据与应纳税额

资源税以纳税人开采或生产应税矿产品或盐的销售额或销售数量为计税依据，简单说明如图 5-8 所示。

```
销售额指纳税人销售应税矿产品向购买方收取的全部价款和价外费用，但不包括
收取的增值税销项税额和运杂费用。价外费用包括纳税人在价外向购买方收取的
手续费、补贴、返还利润、违约金、滞纳金、延期付款利息和赔偿金等
```

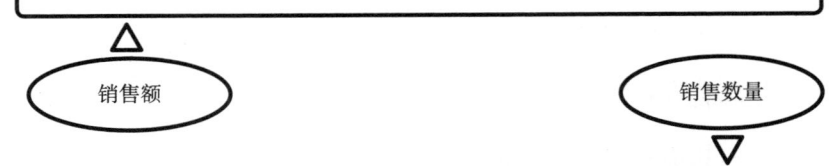

销售额　　　　　　　　　　　销售数量

```
①纳税人开采或生产应税产品销售的，以实际销售数量为销售数量
②纳税人开采或生产应税产品自用的，以移送时的自用数量为销售数量
③纳税人不能准确提供应税产品销售数量或移送使用数量的，以应税产品的产量
　或按主管税务机关确定的折算比换算成的数量为销售数量
```

图 5-8　资源税的计税依据

注意，如果纳税人以人民币以外的货币结算销售额，则应折合成人民币计算。纳税人将其开采的原煤自用于连续生产洗选煤的，在原煤移送使用环节不缴纳资源税；将开采的原煤加工为洗选煤销售的，以洗选煤销售额乘以折算率作为应税煤炭的销售额。

由于资源税会涉及换算比、选矿比等的计算，应纳税额的核算比较复杂，这里不做详述，只列举出应纳税额的一般计算公式。

①实行从价定率计征的，按销售额和比例税率计算。

$$应纳税额 = 应税产品的销售额 \times 适用的比例税率$$

②实行从量定额计征的，按销售数量和定额税率计算。

$$应纳税额 = 应税产品的销售数量 \times 适用的定额税率$$

⑳ 公司排污不达标要缴环保税

环保税即环境保护税的简称，是为了保护和改善环境，减少污染物排放，推进生态文明建设而征收的一种税。该税种的纳税人为在中华人民共和国领域和中华人民共和国管辖的其他海域，直接向环境排放应税污染物的企事业单位和

其他生产经营者。它由排污费演变而来，按规定征收环保税的，不再征收排污费。

根据《中华人民共和国环境保护税法》的规定，环保税的征税范围包括四大类：大气污染物、水污染物、固体废物和噪声，见表5-12。

表5-12 环保税的税目税额表

税　　目		计税单位	税　　额
大气污染物		每污染当量	1.2元～12元
水污染物		每污染当量	1.4元～14元
固体废物	煤矸石	每吨	5元
	尾矿	每吨	15元
	危险废物	每吨	1 000元
	冶炼渣、粉煤灰、炉渣、其他固体废物（含半固态、液态废物）	每吨	25元
噪声	工业噪声	超标1～3分贝	每月350元
		超标4～6分贝	每月700元
		超标7～9分贝	每月1 400元
		超标10～12分贝	每月2 800元
		超标13～15分贝	每月5 600元
		超标16分贝及以上	每月11 200元

应税大气污染物和水污染物，均按照污染物排放量折合的污染当量数确定计税依据，并用下列计算公式确定环保税应纳税额。

应纳税额 = 污染当量数 × 具体适用税额

应税固体废物，按照固体废物的排放量确定计税依据。

应纳税额 = 固体废物排放量 × 具体适用税额

应税噪声，按照超过国家规定标准的分贝数确定应纳税额。

应纳税额 = 超过国家规定标准的分贝数对应的具体适用税额

关于污染物排放量的污染当量数换算，参考《中华人民共和国环境保护税法》附列的应税污染物和当量值表，这里不再举例。

㉑ 轻松了解烟叶税

烟叶税是向收购烟叶的单位征收的一种税。这里的纳税人只有单位而没有个人，是因为我国实行烟草专卖制度，烟叶税的纳税人具有特定性，一般是有权收购烟叶的烟草公司或受其委托收购烟叶的单位。

烟叶税的征税范围包括晾晒烟叶和烤烟叶。该税种实行比例税率，且税率固定为20%。

纳税人在核算烟叶税的应纳税额时，先要确定计税依据，为纳税人收购烟叶时支付的价款总额。注意，这里的价款总额包括纳税人支付给烟叶生产销售单位和个人的烟叶收购价款和价外补贴，其中，价外补贴统一按烟叶收购价款的10%计算。也就是说，价款总额与应纳税额用下列计算公式表示：

$$价款总额 = 收购价款 \times (1+10\%)$$

$$应纳税额 = 收购价款 \times (1+10\%) \times 20\%$$

实例分析

核算烟草公司当月需要缴纳的烟叶税

某烟草公司为增值税一般纳税人，2×22年7月21日收购烟叶10吨，收购价格为3.30元/斤（含支付价外补贴10%），共66 000.00元，货款已全部支付。那么该烟草公司当月需要缴纳的烟叶税税额有多少呢？

解析：这里的66 000.00元已经是包含了价外补贴的价款总额，因此不需要再另外加计10%。

应纳税额 = 66 000.00 × 20% = 13 200.00（元）

① 计提当月应缴纳的烟叶税时。

借：税金及附加	13 200.00
贷：应交税费——应交烟叶税	13 200.00

② 实际缴纳烟叶税税款时。

借：应交税费——应交烟叶税	13 200.00
贷：银行存款	13 200.00

第六章　关于纳税申报的那些事

公司要缴税，什么时候去办税服务厅或在网上申报纳税呢？申报纳税需要做哪些准备、提供哪些资料、办理哪些手续呢？如果增值税没有应纳税额，是不是就可以不进行纳税申报了呢？纳税申报有没有期限的限制，超过期限进行纳税申报会不会受到什么处罚？这些问题的答案将通过学习本章内容而明了。

- 流转税与附加税费一同申报纳税
- 财产和行为税合并纳税申报
- 企业所得税和个人所得税的纳税申报
- 关税及其他税种的纳税申报规定

一、流转税与附加税费一同申报纳税

在进行增值税纳税申报时，为什么表单上还有城市维护建设税和教育费附加的信息需要填呢？有时进行纳税申报，被工作人员告知需要缴纳滞纳金，这又是为什么？为了弄清楚这些问题，纳税人有必要了解相关税种的纳税申报规定。

01 增值税的征收管理规定

纳税人什么时候发生增值税纳税义务？在哪里申报缴纳税款？纳税期限是多久？这些都是征收管理规定中的内容，并不仅限于增值税这一种，其他税种的征收管理规定也包括这些内容。

（1）纳税义务发生时间

在确定增值税纳税义务发生时间时，将情形分为三大类。

◆ 纳税人发生应税销售行为

纳税人发生应税销售行为，纳税义务发生时间为收讫销售款或取得索取销售款项凭据的当天；先开具发票的，为开具发票的当天。

但是，纳税人采取的销售方式如果不同，则纳税义务发生时间的确定会有些微差异，见表6-1。

表6-1 不同销售方式的增值税纳税义务发生时间

销售方式	纳税义务发生时间
采取直接收款方式销售货物	不论货物是否发出，均为收到销售款或取得索取销售款凭据的当天
采取托收承付和委托银行收款方式销售货物	为发出货物并办妥托收手续的当天
采取赊销和分期收款方式销售货物	为书面合同约定的收款日期的当天；没有书面合同或书面合同没有约定收款日期的，为货物发出的当天
采取预收货款方式销售货物	为货物发出的当天；但生产销售工期超过12个月的大型机械设备、船舶和飞机等货物的，为收到预收款或书面合同约定的收款日期的当天

续上表

销售方式	纳税义务发生时间
委托其他纳税人代销货物	为收到代销单位的代销清单或收到全部或部分货款的当天；未收到代销清单和货款的，为发出代销货物满 180 天的当天
纳税人提供租赁服务采取预收款方式的	为收到预收款的当天
纳税人从事金融商品转让的	为金融商品所有权转移的当天
纳税人发生相关视同销售货物行为	为货物移送的当天
纳税人发生视同销售劳务、服务、无形资产、不动产情形	为劳务、服务、无形资产转让完成的当天，或不动产权属变更的当天

◆ 纳税人进口货物

纳税人进口货物，其纳税义务发生时间为报关进口的当天。

◆ 增值税扣缴义务

对于增值税扣缴义务人来说，扣缴义务发生时间为纳税人增值税纳税义务发生的当天。

（2）纳税地点

关于增值税的纳税地点，需要根据纳税人的经营机构所在地或者是否有固定经营场所等因素决定，大致有图 6-1 所示的几种情况。

（3）纳税期限

根据《中华人民共和国增值税暂行条例》的规定，增值税的纳税期限分为1日、3日、5日、10日、15日、1个月或1个季度。纳税人的具体纳税期限，由主管税务机关根据纳税人应纳税额的大小分别核定；不能按照固定期限纳税的，可按次纳税。

以1个月或1个季度为一个纳税期的，自期满之日起15日内申报纳税；以1日、3日、5日、10日或15日为一个纳税期的，自期满之日起5日内预缴税款，于次月1日起15日内申报纳税并结清上月应纳税款。其中，以1个季度为纳税期的规定适用于小规模纳税人、银行、财务公司、信托投资公司以及财政部和国家税务总局规定的其他纳税人。

01 固定业户应向其机构所在地税务机关申报纳税。总机构和分支机构不在同一县（市）的，应分别向各自所在地税务机关申报纳税；经国务院财政、税务部门或其授权的财政、税务机关批准，可由总机构汇总向总机构所在地税务机关申报纳税

02 固定业户到外县（市）销售货物或劳务，应向其机构所在地税务机关报告外出经营事项，并向其机构所在地税务机关申报纳税；未报告的，应向销售地或劳务发生地税务机关申报纳税；未向销售地或劳务发生地税务机关申报纳税的，由其机构所在地税务机关补征税款

03 非固定业户销售货物或劳务，应向销售地或劳务发生地税务机关申报纳税；未向销售地或劳务发生地税务机关申报纳税的，由其机构所在地税务机关补征税款

04 进口货物，应向报关地海关申报纳税

05 其他个人提供建筑服务、销售或租赁不动产、转让自然资源使用权，应向建筑服务发生地、不动产所在地、自然资源所在地税务机关申报纳税

06 扣缴义务人应向其机构所在地或居住地税务机关申报缴纳其扣缴的税款

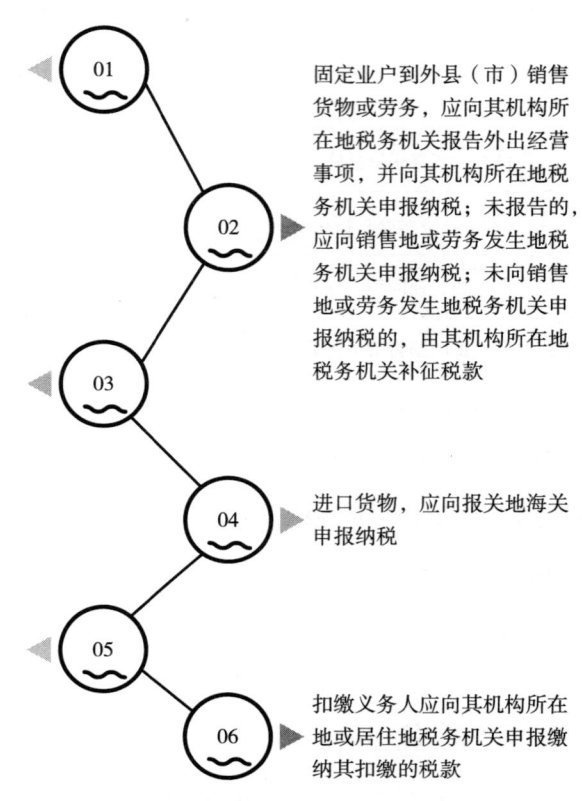

图 6-1　增值税的纳税地点

扣缴义务人解缴税款的期限，依照前述规定执行。纳税人进口货物的，应自海关填发进口增值税专用缴款书之日起 15 日内缴纳税款。

02 消费税的征收管理规定

消费税与增值税一样，也是流转税，因此在纳税义务发生时间、纳税地点和纳税期限方面有相似之处。下面来具体介绍。

（1）纳税义务发生时间

在确定消费税纳税义务发生时间时，主要有四大类情形。

①纳税人销售应税消费品，按照图 6-2 所示的四种销售结算方式确定纳税义务发生时间。

```
┌──────────┐    ┌────────────────────────────────────────┐
│ 赊销、分期 │ ▷ │ 纳税义务发生时间为书面合同约定的收款日期的当 │
│   收款   │    │ 天；没有书面合同或书面合同没有约定收款日期的， │
│          │    │ 为发出应税消费品的当天                      │
└──────────┘    └────────────────────────────────────────┘

┌──────────┐    ┌────────────────────────────────────────┐
│  预收货款 │ ▷ │ 纳税义务发生时间为发出应税消费品的当天       │
└──────────┘    └────────────────────────────────────────┘

┌──────────┐    ┌────────────────────────────────────────┐
│ 托收承付和 │ ▷ │ 纳税义务发生时间为发出应税消费品并办妥托收手│
│ 委托银行收款│   │ 续的当天                                │
└──────────┘    └────────────────────────────────────────┘

┌──────────┐    ┌────────────────────────────────────────┐
│ 其他结算方式│ ▷ │ 纳税义务发生时间为收讫销售款或取得索取销售款│
│          │    │ 凭据的当天                              │
└──────────┘    └────────────────────────────────────────┘
```

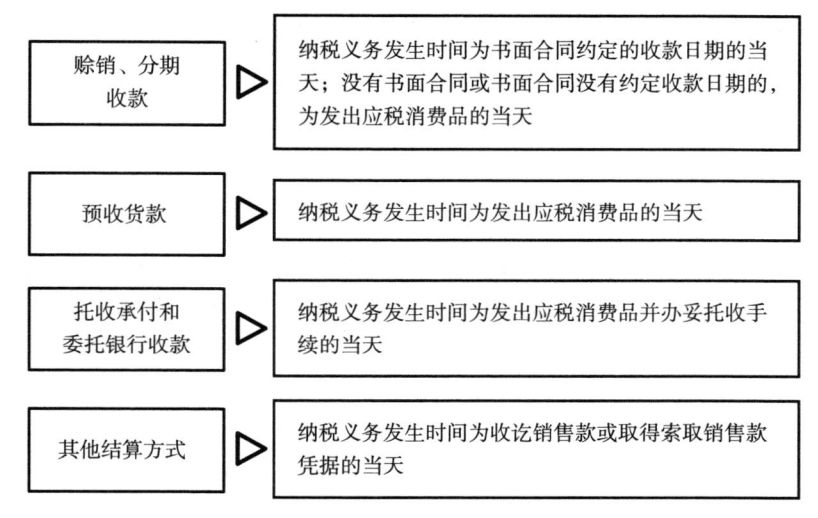

图 6-2　纳税人销售应税消费品的纳税义务发生时间

②纳税人自产自用应税消费品的，纳税义务发生时间为移送使用应税消费品的当天。

③纳税人委托加工应税消费品的，纳税义务发生时间为纳税人提货的当天。

④纳税人进口应税消费品的，纳税义务发生时间为报关进口的当天。

（2）纳税地点

根据不同的应税消费品经营情况，纳税地点会有所不同。

①纳税人销售应税消费品，以及自产自用应税消费品，除国务院财政、税务主管部门另有规定外，应向纳税人机构所在地或居住地税务机关申报纳税。

②委托加工应税消费品的，除受托方为个人外，由受托方向机构所在地或居住地税务机关解缴消费税税款。受托方为个人的，由委托方向机构所在地税务机关申报纳税。

③进口应税消费品的，由进口人或其代理人向报关地海关申报纳税。

④纳税人到外县（市）销售或委托外县（市）代销自产应税消费品的，在应税消费品销售后，向机构所在地或居住地税务机关申报纳税。

⑤纳税人的总机构与分支机构不在同一县（市）的，应分别向各自机构所在地税务机关申报纳税；纳税人的总机构与分支机构不在同一县（市），但在同一省（自治区、直辖市）范围内，经省（自治区、直辖市）财政厅（局）、税务局审批同意，可由总机构汇总向总机构所在地税务机关申报纳税。

⑥纳税人销售的应税消费品，如果因质量等原因由购买者退回时，经机构所在地或居住地税务机关审批后，可退还已缴纳的消费税税款。

⑦出口的应税消费品办理退税后，发生退关或国外退货进口时予以免税的，报关出口者必须及时向其机构所在地或居住地税务机关申报补缴已退还的消费税税款。

⑧个人携带或邮寄进境的应税消费品的消费税，连同关税一并计征，具体办法由国务院关税税则委员会会同有关部门制定。

（3）纳税期限

消费税的纳税期限分为1日、3日、5日、10日、15日、1个月或1个季度，具体纳税期限由税务机关根据纳税人应纳税额的大小分别核定。纳税人不能按照固定期限纳税的，可按次纳税。

纳税人以1个月或1个季度为一个纳税期的，自期满之日起15日内申报纳税；以1日、3日、5日、10日或15日为一个纳税期的，自期满之日起5日内预缴税款，于次月1日起至15日内申报纳税，并结清上月应纳税款。

纳税人进口应税消费品的，应自海关填发海关进口消费税专用缴款书之日起15日内缴纳税款。

03 附加税费的征收管理规定

附加税费包括城市维护建设税、教育费附加和地方教育附加。这些附加税费的纳税义务发生时间为缴纳增值税、消费税的当天；纳税或纳费地点为实际缴纳增值税、消费税的地点。

如果是扣缴义务人，应向其机构所在地或居住地主管税务机关申报缴纳其扣缴的税款。若有特殊情况，按下列原则和办法确定纳税地点。

①代扣代缴、代收代缴增值税、消费税的单位和个人，同时也是城市维护建设税、教育费附加和地方教育附加的代扣代缴、代收代缴义务人，其纳税地点为代扣代收地。

②如果是流动经营等无固定纳税地点的单位和个人，应随同增值税、消费税在经营地纳税。

城市维护建设税按月或按季计征，不能按固定期限计征的，可按次计征。实行按月或按季计征的，纳税人应在月度或季度终了之日起15日内申报并缴纳税款；实行按次计征的，纳税人应在纳税义务发生之日起 15 日内申报并缴纳税款。扣缴义务人解缴税款的期限依照前述规定执行。

教育费附加和地方教育附加分别与增值税、消费税同时缴纳。

04 流转税与附加税费的纳税申报实务

从前面的内容可以知道，流转税与附加税费在实际工作中同时申报纳税并缴款。但是，纳税人需要明确自身是什么样的身份，因为纳税人身份不同，纳税申报工作会有差异。下面作详细了解。

（1）增值税一般纳税人的纳税申报实务

增值税一般纳税人依照税收法律、法规、规章及其他有关规定，在规定的纳税期限内填报"增值税及附加税费申报表（一般纳税人适用）"（两份）、附列资料及其他相关资料，向税务机关进行纳税申报。关于纳税申报，需要注意图 6-3 所示的事项。

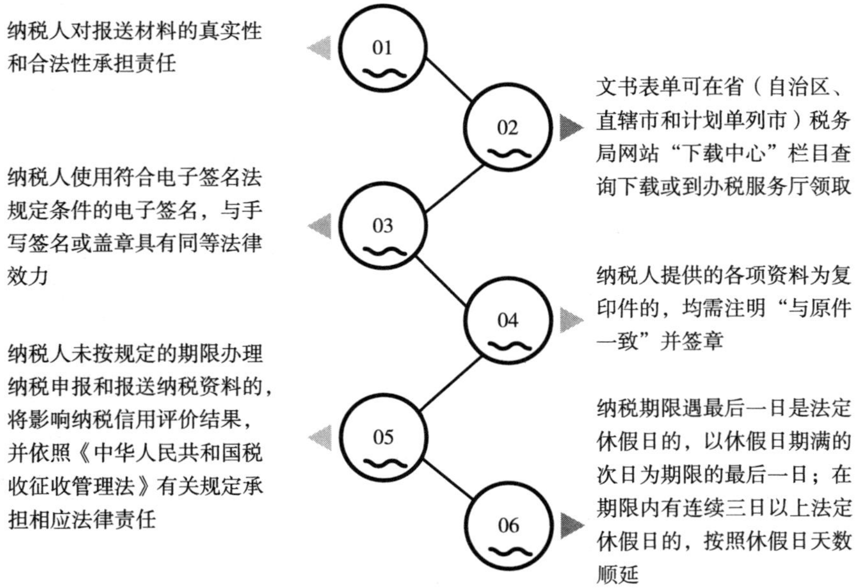

01 纳税人对报送材料的真实性和合法性承担责任

02 文书表单可在省（自治区、直辖市和计划单列市）税务局网站"下载中心"栏目查询下载或到办税服务厅领取

03 纳税人使用符合电子签名法规定条件的电子签名，与手写签名或盖章具有同等法律效力

04 纳税人提供的各项资料为复印件的，均需注明"与原件一致"并签章

05 纳税人未按规定的期限办理纳税申报和报送纳税资料的，将影响纳税信用评价结果，并依照《中华人民共和国税收征收管理法》有关规定承担相应法律责任

06 纳税期限遇最后一日是法定休假日的，以休假日期满的次日为期限的最后一日；在期限内有连续三日以上法定休假日的，按照休假日天数顺延

图 6-3 增值税一般纳税人进行纳税申报的注意事项

另外，纳税人自办理税务登记至登记为一般纳税人期间，未取得生产经营收入，未按销售额和征收率简易计算应纳税额申报缴纳增值税的，其在此期间取得

的增值税扣税凭证，可在登记为一般纳税人后抵扣进项税额。

图6-4所示为增值税及附加税费申报表（一般纳税人适用）。

增值税及附加税费申报表
（一般纳税人适用）

根据国家税收法律法规及增值税相关规定制定本表。纳税人不论有无销售额，均应按税务机关核定的纳税期限填写本表，并向当地税务机关申报。

税款所属时间：自 年 月 日至 年 月 日　　填表日期：年 月 日　　金额单位：元（列至角分）

纳税人识别号（统一社会信用代码）：□□□□□□□□□□□□□□□□□□　　所属行业：

纳税人名称：　　法定代表人姓名：　　注册地址：　　生产经营地址：

开户银行及账号：　　登记注册类型：　　电话号码：

项目	栏次	一般项目		即征即退项目	
		本月数	本年累计	本月数	本年累计
销售额	（一）按适用税率计税销售额	1				
	其中：应税货物销售额	2				
	应税劳务销售额	3				
	纳税检查调整的销售额	4				
	（二）按简易办法计税销售额	5				
	其中：纳税检查调整的销售额	6				
	（三）免、抵、退办法出口销售额	7			—	—
	（四）免税销售额	8			—	—
	其中：免税货物销售额	9			—	—
	免税劳务销售额	10			—	—
税款计算	销项税额	11				
	进项税额	12				
	上期留抵税额	13				
	进项税额转出	14				
	免、抵、退应退税额	15			—	—
	按适用税率计算的纳税检查应补缴税额	16				
	应抵扣税额合计	17=12+13-14-15+16		—		
	实际抵扣税额	18（如17<11，则为17，否则为11）				
	应纳税额	19=11-18				
	期末留抵税额	20=17-18				
	简易计税办法计算的应纳税额	21				
	按简易计税办法计算的纳税检查应补缴税额	22			—	—
	应纳税额减征额	23				
	应纳税额合计	24=19+21-23				
税款缴纳	期初未缴税额（多缴为负数）	25				
	实收出口开具专用缴款书退税额	26			—	—
	本期已缴税额	27=28+29+30+31				
	①分次预缴税额	28			—	—
	②出口开具专用缴款书预缴税额	29				
	③本期缴纳上期应纳税额	30				
	④本期缴纳欠缴税额	31				
	期末未缴税额（多缴为负数）	32=24+25+26-27				
	其中：欠缴税额（≥0）	33=25+26-27				
	本期应补（退）税额	34=24-28-29				
	即征即退实际退税额	35		—	—	
	期初未缴查补税额	36			—	—
	本期入库查补税额	37				
	期末未缴查补税额	38=16+22+36-37				
附加税费	城市维护建设税本期应补（退）税额	39				
	教育费附加本期应补（退）费额	40				
	地方教育附加本期应补（退）费额	41				

声明：此表是根据国家税收法律法规及相关规定填写的，本人（单位）对填报内容（及附带资料）的真实性、可靠性、完整性负责。

纳税人（签章）：　　　　年 月 日

经办人：
经办人身份证号：　　　　受理人：
代理机构签章：　　　　　受理税务机关（章）：　　受理日期：　年 月 日
代理机构统一社会信用代码：

图6-4　增值税及附加税费申报表（一般纳税人适用）

纳税人可通过办税服务厅（场所）、电子税务局办理，至于其他相关资料、具体地点和网址，纳税人可进入国家税务总局官网或从省（自治区、直辖市和计划单列市）税务局网站"纳税服务"栏目查询，并按需准备。

（2）小规模纳税人的纳税申报实务

增值税小规模纳税人依照税收法律、法规、规章及其他有关规定，在规定的纳税期限内填报"增值税及附加税费申报表（小规模纳税人适用）"（两份）、附列资料和其他相关资料，向税务机关进行纳税申报。

关于小规模纳税人增值税纳税申报，有一些注意事项与一般纳税人相同，这里不再赘述。另外还有一些是小规模纳税人在进行纳税申报时需要注意的，如图 6-5 所示。

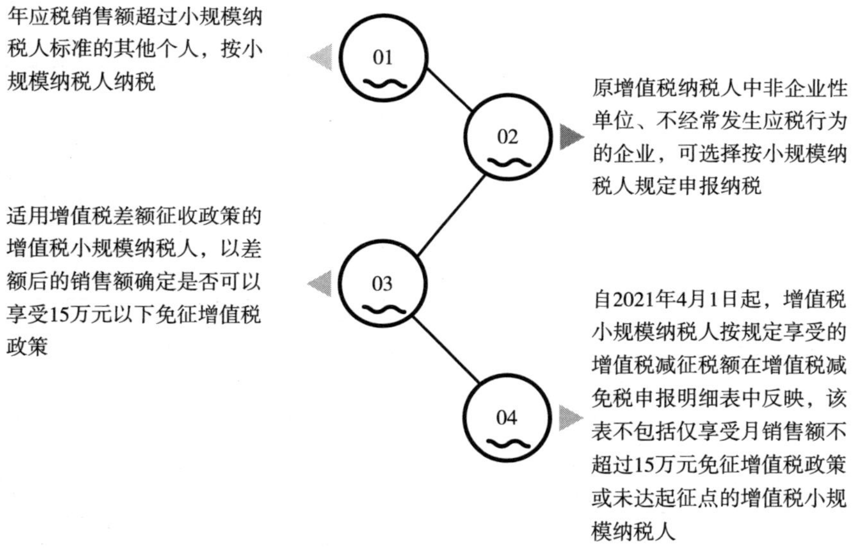

01 年应税销售额超过小规模纳税人标准的其他个人，按小规模纳税人纳税

02 原增值税纳税人中非企业性单位、不经常发生应税行为的企业，可选择按小规模纳税人规定申报纳税

03 适用增值税差额征收政策的增值税小规模纳税人，以差额后的销售额确定是否可以享受15万元以下免征增值税政策

04 自2021年4月1日起，增值税小规模纳税人按规定享受的增值税减征税额在增值税减免税申报明细表中反映，该表不包括仅享受月销售额不超过15万元免征增值税政策或未达起征点的增值税小规模纳税人

图 6-5　小规模纳税人进行纳税申报的注意事项

图 6-6 所示为增值税及附加税费申报表(小规模纳税人适用)。其他相关材料，纳税人可进入国家税务总局官网或从省（自治区、直辖市和计划单列市）税务局网站"纳税服务"栏目查询，并按需准备。

注意，如果是合作油（气）田的纳税人，需要依照税收法律、法规、规章及其他有关规定，在规定的纳税期限内填报原油天然气增值税申报表及其他相关资料，向税务机关进行原油、天然气增值税纳税申报。

增值税及附加税费申报表

(小规模纳税人适用)

纳税人识别号(统一社会信用代码):□□□□□□□□□□□□□□□□□□

纳税人名称:　　　　　　　　　　　　　　　　　　　　　　　金额单位:元(列至角分)

税款所属期:　年　月　日至　年　月　日　　　　　　　　填表日期:　年　月　日

	项目	栏次	本期数		本年累计	
			货物及劳务	服务、不动产和无形资产	货物及劳务	服务、不动产和无形资产
一、计税依据	(一)应征增值税不含税销售额(3%征收率)	1				
	增值税专用发票不含税销售额	2				
	其他增值税发票不含税销售额	3				
	(二)应征增值税不含税销售额(5%征收率)	4				
	增值税专用发票不含税销售额	5				
	其他增值税发票不含税销售额	6				
	(三)销售使用过的固定资产不含税销售额	7(7≥8)		——		——
	其中:其他增值税发票不含税销售额	8		——		——
	(四)免税销售额	9=10+11+12				
	其中:小微企业免税销售额	10				
	未达起征点销售额	11				
	其他免税销售额	12				
	(五)出口免税销售额	13(13≥14)				
	其中:其他增值税发票不含税销售额	14				
二、税款计算	本期应纳税额	15				
	本期应纳税额减征额	16				
	本期免税额	17				
	其中:小微企业免税额	18				
	未达起征点免税额	19				
	应纳税额合计	20=15-16				
	本期预缴税额	21			——	——
	本期应补(退)税额	22=20-21			——	——
三、附加税费	城市维护建设税本期应补(退)税额	23				
	教育费附加本期应补(退)费额	24				
	地方教育附加本期应补(退)费额	25				

声明:此表是根据国家税收法律法规及相关规定填写的,本人(单位)对填报内容(及附带资料)的真实性、可靠性、完整性负责。

纳税人(签章):　　　　　年　月　日

经办人:	受理人:
经办人身份证号:	
代理机构签章:	受理税务机关(章):
代理机构统一社会信用代码:	受理日期:　年　月　日

图6-6　增值税及附加税费申报表(小规模纳税人适用)

（3）增值税预缴申报

如果纳税人（不含其他个人）跨地（市、州）提供建筑服务，房地产开发企业预售自行开发的房地产项目，出租与机构所在地不在同一县（市）的不动产等，按规定需要在项目所在地或不动产所在地主管税务机关预缴税款的，填报增值税及附加税费预缴表及其他相关资料，向税务机关进行纳税申报。图6-7所示为增值税及附加税费预缴表。

增值税及附加税费预缴表					
税款所属时间： 年 月 日 至 年 月 日					
纳税人识别号（统一社会信用代码）：□□□□□□□□□□□□□□□□□□				是否适用一般计税方法 是 □ 否 □	
纳税人名称：				金额单位：元（列至角分）	
项目编号：	项目名称：				
项目地址：					
预征项目和栏次	销售额	扣除金额		预征率	预征税额
	1	2		3	4
建筑服务　1					
销售不动产　2					
出租不动产　3					
4					
5					
合计　6					
附加税费					
城市维护建设税实际预缴税额	教育费附加实际预缴费额				地方教育附加实际预缴费额
声明：此表是根据国家税收法律法规及相关规定填写的，本人（单位）对填报内容（及附带资料）的真实性、可靠性、完整性负责。					
纳税人（签章）： 年 月 日					
经办人：	受理人：				
经办人身份证号：					
代理机构签章：	受理税务机关（章）：				
代理机构统一社会信用代码：	受理日期： 年 月 日				

图6-7　增值税及附加税费预缴表

纳税人在办理增值税预缴申报时，除了要注意一般纳税人进行增值税纳税申报的相关事项外，还应注意以下几点：

①纳税人使用增值税及附加税费预缴表在异地办理预缴税款时，应填报注册地纳税人识别号。

②纳税人(不含其他个人)跨县(市)提供建筑服务，向建筑服务发生地主管税务机关预缴的增值税税款，可以在当期增值税应纳税额中抵减，抵减不完的，结转下期继续抵减。纳税人以预缴税款抵减应纳税额，应以完税凭证作为合法有效凭证。不能自行开具增值税发票的小规模纳税人，可向建筑服务发生地主管税务机关按照其取得的全部价款和价外费用申请代开增值税发票。

③纳税人按照规定从取得的全部价款和价外费用中扣除支付的分包款，应当取得符合法律、行政法规和国家税务总局规定的合法有效凭证。

④按照现行规定应当预缴增值税税款的小规模纳税人，凡在预缴地实现的月销售额未超过15万元（以1个季度为1个纳税期的，季度销售额未超过45万元）的，当期无须预缴税款。

（4）消费税的纳税申报实务

在中华人民共和国境内生产、委托加工和进口规定的消费品的单位和个人，以及国务院确定的销售规定的消费品的其他单位和个人，依据相关税收法律、法规、规章及其他有关规定，在规定的纳税申报期限内填报消费税及附加税费申报表和其他相关资料，向税务机关进行纳税申报。

纳税人在办理消费税纳税申报时，要注意图6-8所示的事项。

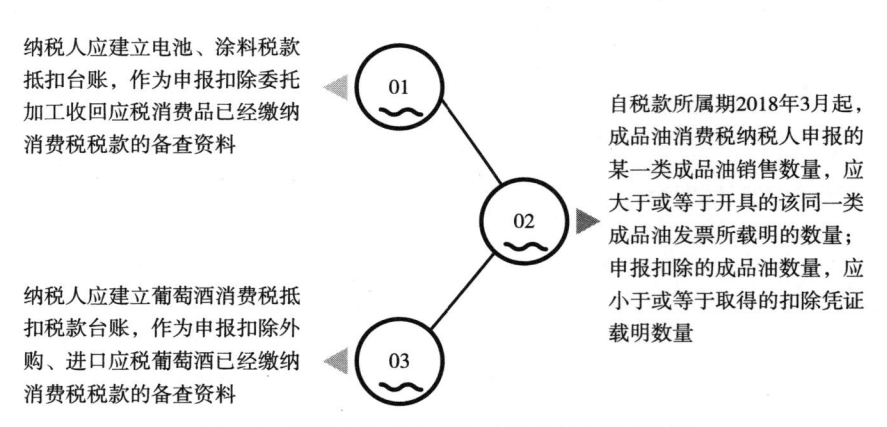

01 纳税人应建立电池、涂料税款抵扣台账，作为申报扣除委托加工收回应税消费品已经缴纳消费税税款的备查资料

02 自税款所属期2018年3月起，成品油消费税纳税人申报的某一类成品油销售数量，应大于或等于开具的该同一类成品油发票所载明的数量；申报扣除的成品油数量，应小于或等于取得的扣除凭证载明数量

03 纳税人应建立葡萄酒消费税抵扣税款台账，作为申报扣除外购、进口应税葡萄酒已经缴纳消费税税款的备查资料

图 6-8　纳税人进行消费税纳税申报的注意事项

图6-9所示为消费税及附加税费申报表。其他相关资料可进入国家税务总局官网或从省（自治区、直辖市和计划单列市）税务局网站"纳税服务"栏目查询，并按需准备。还需要注意的是，不同类别的应税消费品，在进行纳税申报时需要提供的资料不同，也可进入官方网站查询下载。

增值税、消费税、附加税费因为需要同时进行纳税申报，所以注意事项有很多相似之处，具体可参考本小节关于增值税一般纳税人的纳税申报注意事项。除此以外，纳税人在进行纳税申报时，要根据各税种各自的注意事项，办好纳税申报工作。

但这些税、费不管是哪一种，在办理纳税申报时都不收费，且可同城通办。

消费税及附加税费申报表

税款所属期：自　年　月　日至　年　月　日

纳税人识别号（统一社会信用代码）：□□□□□□□□□□□□□□□□□□

纳税人名称：　　　　　　　　　　　　　　　　金额单位：人民币元（列至角分）

项目 应税消费品名称	适用税率		计量单位	本期销售数量	本期销售额	本期应纳税额
	定额税率	比例税率				
	1	2	3	4	5	6=1×4+2×5
合计						

	栏次	本期税费额
本期减（免）税额	7	
期初留抵税额	8	
本期准予扣除税额	9	
本期应扣除税额	10=8+9	
本期实际扣除税额	11[10<(6-7)，则为10，否则为6-7]	
期末留抵税额	12=10-11	
本期预缴税额	13	
本期应补（退）税额	14=6-7-11-13	
城市维护建设税本期应补（退）税额	15	
教育费附加本期应补（退）费额	16	
地方教育附加本期应补（退）费额	17	

声明：此表是根据国家税收法律法规及相关规定填写的，本人（单位）对填报内容（及附带资料）的真实性、可靠性、完整性负责。

纳税人（签章）：　　年　月　日

经办人： 经办人身份证号： 代理机构签章： 代理机构统一社会信用代码：	受理人： 受理税务机关（章）： 受理日期：　年　月　日

图6-9　消费税及附加税费申报表

二、财产和行为税合并纳税申报

什么是财产税？什么是行为税？什么又是合并纳税申报？为了找到这些问题的答案，我们来简单了解本章内容。

05 哪些税统一成财产和行为税合并申报

根据国家税务总局"纳税服务"中的"办税指南"的指导，需要进行合并申报纳税的财产和行为税，主要包括图 6-10 所示的十种税。

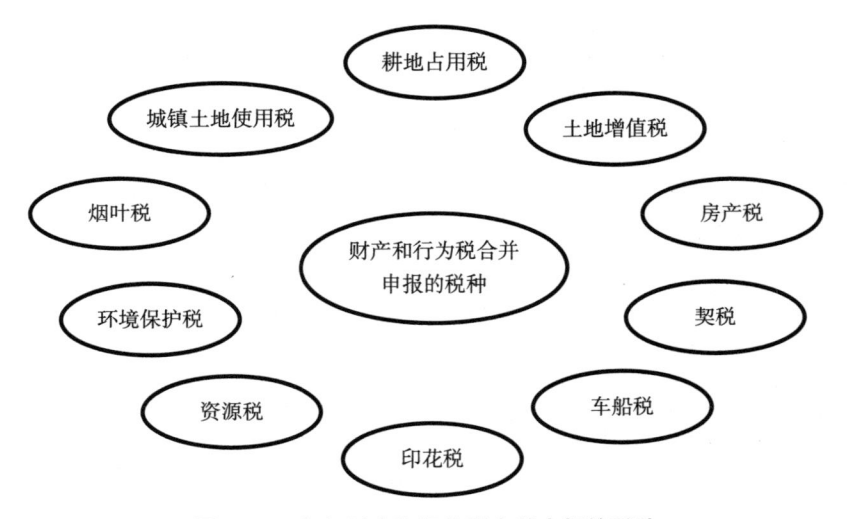

图 6-10 归入财产和行为税合并申报的税种

这样一来，就支持了不同纳税期限的税种同时申报，实现多税种"一张报表、一次申报、一次缴款、一张凭证"。

需要注意的是，这些税虽然进行合并申报，但土地增值税清算、契税申报办理时间由省税务机关确定，其他即时办结。

06 财产和行为税合并纳税申报实务

纳税人依照税收法律、法规及相关规定确定的申报期限、申报内容，填报财产和行为税纳税申报表（通常由税务机关根据纳税人识别号及该纳税人当期有效的税源明细信息自动生成），进行财产和行为税的纳税申报。同时，纳税人要根据自身情况，针对不同的税种，分别填报相应的税源明细表（由税务机关根据纳税人识别号及该纳税人当期有效的税源明细信息自动生成），具体见表 6-2。

表 6-2　财产和行为税合并申报的其他填报资料

适用情形	材料名称	数量
申报城镇土地使用税、房产税的纳税人	城镇土地使用税 房产税税源明细表	2 份
申报耕地占用税的纳税人	耕地占用税税源明细表	2 份
申报土地增值税的纳税人	土地增值税税源明细表	2 份
申报契税的纳税人	契税税源明细表	2 份
申报车船税的纳税人	车船税税源明细表	2 份
申报印花税的纳税人	印花税税源明细表	2 份
申报资源税的纳税人	资源税税源明细表	2 份
申报环境保护税的纳税人	环境保护税税源明细表	2 份
申报烟叶税的纳税人	烟叶税税源明细表	2 份
享受财产和行为税优惠的纳税人	财产和行为税减免税明细申报附表	2 份
	减免税证明材料	—

注意，享受财产和行为税优惠的纳税人，在提供减免税证明材料时，根据各税种纳税申报规范确定。

在进行财产和行为税合并申报纳税时，除了要像增值税一样注意一些问题，还应注意，财产和行为纳税义务人在首次申报时，应办理"财产和行为税税源信息报告"。

图 6-11 所示为财产和行为税纳税申报表。

各税种的税源明细表可直接进入国家税务总局官网的"纳税服务"页面"办税指南/申报纳税"栏目中查找下载，这里只举例展示印花税税源明细表，如图 6-12 所示。

财产和行为税纳税申报表

纳税人识别号（统一社会信用代码）：□□□□□□□□□□□□□□□□□□

纳税人名称：

金额单位：人民币元（列至角分）

序号	税种	税目	税款所属期起	税款所属期止	计税依据	税率	应纳税额	减免税额	已缴税额	应补（退）税额
1										
2										
3										
4										
5										
6										
7										
8										
9										
10										
11	合计	—	—	—	—	—				

声明：此表是根据国家税收法律法规及相关规定填写的，本人（单位）对填报内容（及附带资料）的真实性、可靠性、完整性负责。

纳税人（签章）：　　　　　年　月　日

经办人：
经办人身份证号：
代理机构签章：
代理机构统一社会信用代码：

受理人：
受理税务机关（章）：
受理日期：　　年　月　日

图 6-11　财产和行为税纳税申报表

印花税税源明细表

纳税人识别号（统一社会信用代码）：□□□□□□□□□□□□□□□□□□

纳税人名称：

金额单位：人民币元（列至角分）

序号	*税目	*税款所属期起	*税款所属期止	应纳税凭证编号	应纳税凭证书立（领受）日期	*计税金额或件数	核定比例	*税率	减免性质代码和项目名称
按期申报									
1									
2									
3									
按次申报									
1									
2									
3									

图 6-12　印花税税源明细表

三、企业所得税和个人所得税的纳税申报

对公司来说，是不是用收入减去成本就能算出经营获得的实际利润呢？不是，这样算出来的利润还要减去应缴纳的企业所得税，得出的才是净利润。对个人也是一样，如果符合缴纳个人所得税的条件，则应发工资就不是实发工资，因为还要扣除应缴纳的个人所得税税款。

07 企业所得税的征收管理规定

税务机关是怎么规定企业所得税申报与缴纳的？在进行纳税申报前纳税人应该了解哪些征收管理规定？下面从纳税地点和纳税期限进行介绍。

（1）企业所得税的纳税地点

在确定企业所得税的纳税地点时，需要区分居民企业和非居民企业，如图6-13所示。

居民企业	非居民企业
除税收法律、行政法规另有规定外，居民企业以企业登记注册地为纳税地点；但登记注册地在境外的，以实际管理机构所在地为纳税地点	①非居民企业在中国境内设立机构、场所的，以机构、场所所在地为纳税地点；设立两个或两个以上机构、场所的，经税务机关审核批准，可选择由其主要机构、场所汇总缴纳 ②在中国境内未设立机构、场所，或虽设立机构、场所但取得的所得与其所设机构、场所没有实际联系的，以扣缴义务人所在地为纳税地点

图6-13 企业所得税的不同纳税人的纳税地点

注意，非居民企业经批准汇总缴纳企业所得税后，需要增设、合并、迁移、关闭机构、场所或停止机构、场所业务的，应事先由负责汇总申报缴纳企业所得税的机构、场所向其所在地税务机关报告；需要变更汇总缴纳企业所得税的主要机构、场所的，依照前述规定办理。

（2）企业所得税的纳税期限

企业所得税按年计征、分月或分季预缴，年终汇算清缴，多退少补。纳税年度自公历1月1日起至12月31日止。

按月或按季预缴的，应自月份或季度终了之日起15日内，向税务机关报送预缴企业所得税纳税申报表，预缴税款。

企业应自年度终了之日起5个月内，向税务机关报送年度企业所得税纳税申报表，并汇算清缴，结清应缴应退税款。如果企业在年度中间终止经营活动，则应自实际终止经营之日起60日内，向税务机关办理当期企业所得税汇算清缴。

企业在一个纳税年度中间开业，或终止经营活动，使该纳税年度的实际经营期不足 12 个月的，应以实际经营期为一个纳税年度。

企业依法清算时，应以清算期间为一个纳税年度。

⑧ 如何进行企业所得税纳税申报

纳税人在进行企业所得税纳税申报时，要分查账征收和核定征收两种情况，因为两种征收情况所填的预缴申报表和年度纳税申报表不同。因此，纳税人需要根据自身情况选择填报相应的预缴申报表和年度纳税申报表。

企业分月或分季预缴企业所得税时，应按月度或季度的实际利润额预缴；按月度或季度的实际利润额预缴有困难的，可按照上一纳税年度应纳税所得额的月度或季度平均额预缴，或按照经税务机关认可的其他方法预缴。预缴方法一经确定，该纳税年度内不得随意变更。图 6-14 所示为查账征收方式的月（季）度预缴申报表。

图 6-15 所示为查账征收方式的年度纳税申报表。

企业在纳税年度内无论盈利或亏损，都应依照规定期限，向税务机关报送预缴企业所得税纳税申报表、年度企业所得税纳税申报表、财务会计及报告和税务机关规定应报送的其他有关资料。

企业所得税以人民币计算。所得以人民币以外的货币计算的，预缴企业所得税时，应按照月度或季度最后一日的人民币汇率中间价，折合成人民币计算应纳税所得额。年度终了汇算清缴时，对已经按月度或季度预缴税款的，不再重新折合计算，只就该纳税年度内未缴纳企业所得税的部分，按照纳税年度最后一日的人民币汇率中间价，折合成人民币计算应纳税所得额。

企业应在办理注销登记前，就其清算所得向税务机关申报并依法缴纳企业所得税。

⑨ 个人所得税的征收管理规定

个人所得税以所得人为纳税人，以支付所得的单位或个人为扣缴义务人。扣缴义务人向个人支付应税款项时，应依照个人所得税法规定预扣或代扣税款，按时缴库，并专项记载备查。因此，个人所得税的纳税地点通常为扣缴义务人的经营所在地或居住地。

A200000　中华人民共和国企业所得税月（季）度预缴纳税申报表（A类）

税款所属期间：　年　月　日至年　月　日

纳税人识别号（统一社会信用代码）：□□□□□□□□□□□□□□□□□□

纳税人名称：　　金额单位：人民币元（列至角分）

优惠及附报事项有关信息

项目	一季度 季初	一季度 季末	二季度 季初	二季度 季末	三季度 季初	三季度 季末	四季度 季初	四季度 季末	季度平均值
从业人数									
资产总额（万元）									
国家限制或禁止行业	□是 □否				小型微利企业				□是 □否

	附报事项名称	金额或选项
事项1	（填写特定事项名称）	
事项2	（填写特定事项名称）	

预缴税款计算

		本年累计
1	营业收入	
2	营业成本	
3	利润总额	
4	加：特定业务计算的应纳税所得额	
5	减：不征税收入	
6	减：资产加速折旧、摊销（扣除）调减额（填写A201020）	
7	减：免税收入、减计收入、加计扣除（7.1+7.2+…）	
7.1	（填写优惠事项名称）	
7.2	（填写优惠事项名称）	
8	减：所得减免（8.1+8.2+…）	
8.1	（填写优惠事项名称）	
8.2	（填写优惠事项名称）	
9	减：弥补以前年度亏损	
10	实际利润额（3+4-5-6-7-8-9）\ 按照上一纳税年度应纳税所得额平均额确定的应纳税所得额	
11	税率（25%）	
12	应纳所得税额（10×11）	
13	减：减免所得税额（13.1+13.2+…）	
13.1	（填写优惠事项名称）	
13.2	（填写优惠事项名称）	
14	减：本年实际已缴纳所得税额	
15	减：特定业务预缴（征）所得税额	
16	本期应补（退）所得税额（12-13-14-15）\ 税务机关确定的本期应纳所得税额	

汇总纳税企业总分机构税款计算

17	总机构	总机构本期分摊应补（退）所得税额（18+19+20）	
18		其中：总机构分摊应补（退）所得税额（16×总机构分摊比例 %）	
19		财政集中分配应补（退）所得税额（16×财政集中分配比例 %）	
20		总机构具有主体生产经营职能的部门分摊所得税额（16×全部分支机构分摊比例____%×总机构具有主体生产经营职能部门分摊比例 %）	
21	分支机构	分支机构本期分摊比例	
22		分支机构本期分摊应补（退）所得税额	

实际缴纳企业所得税计算

23	减：民族自治地区企业所得税地方分享部分：□ 免征　□ 减征；减征幅度____%	本年累计应减免金额[（12-13-15）×40%×减征幅度]
24	实际应补（退）所得税额	

谨声明：本纳税申报表是根据国家税收法律法规及相关规定填报的，是真实的、可靠的、完整的。

纳税人（签章）：年月日

经办人：	受理人：
经办人身份证号：	受理税务机关（章）：
代理机构签章：	受理日期：年月日
代理机构统一社会信用代码：	

国家税务总局监制

图6-14　查账征收企业所得税月（季）度预缴申报表

A100000　　中华人民共和国企业所得税年度纳税申报表（A类）

行次	类别	项　　目	金　　额
1	利润总额计算	一、营业收入(填写A101010\101020\103000)	
2		减：营业成本(填写A102010\102020\103000)	
3		减：税金及附加	
4		减：销售费用(填写A104000)	
5		减：管理费用(填写A104000)	
6		减：财务费用(填写A104000)	
7		减：资产减值损失	
8		加：公允价值变动收益	
9		加：投资收益	
10		二、营业利润(1-2-3-4-5-6-7+8+9)	
11		加：营业外收入(填写A101010\101020\103000)	
12		减：营业外支出(填写A102010\102020\103000)	
13		三、利润总额（10+11-12）	
14	应纳税所得额计算	减：境外所得（填写A108010）	
15		加：纳税调整增加额（填写A105000）	
16		减：纳税调整减少额（填写A105000）	
17		减：免税、减计收入及加计扣除（填写A107010）	
18		加：境外应税所得抵减境内亏损（填写A108000）	
19		四、纳税调整后所得（13-14+15-16-17+18）	
20		减：所得减免（填写A107020）	
21		减：弥补以前年度亏损（填写A106000）	
22		减：抵扣应纳税所得额（填写A107030）	
23		五、应纳税所得额（19-20-21-22）	
24	应纳税额计算	税率（25%）	
25		六、应纳所得税额（23×24）	
26		减：减免所得税额（填写A107040）	
27		减：抵免所得税额（填写A107050）	
28		七、应纳税额（25-26-27）	
29		加：境外所得应纳所得税额（填写A108000）	
30		减：境外所得抵免所得税额（填写A108000）	
31		八、实际应纳所得税额（28+29-30）	
32		减：本年累计实际已缴纳的所得税额	
33		九、本年应补（退）所得税额（31-32）	
34		其中：总机构分摊本年应补（退）所得税额(填写A109000)	
35		财政集中分配本年应补（退）所得税额（填写A109000）	
36		总机构主体生产经营部门分摊本年应补（退）所得税额（填写A109000）	
37	实际应纳税额计算	减：民族自治地区企业所得税地方分享部分：（□ 免征 □ 减征：减征幅度___%）	
38		十、本年实际应补（退）所得税额（33-37）	

图6-15　查账征收企业所得税年度纳税申报表

个人首次取得应税所得或首次办理纳税申报时，应向扣缴义务人或税务机关如实提供纳税人识别号和与纳税有关的信息。个人上述信息发生变化的，应报告扣缴义务人或税务机关。没有中国公民身份号码的个人，应在首次发生纳税义务时，按照税务机关规定报送与纳税有关的信息，由税务机关赋予其纳税人识别号。

居民个人取得工资、薪金所得时，可以向扣缴义务人提供专项附加扣除有关信息，由扣缴义务人扣缴税款时办理专项附加扣除。纳税人同时从两处以上取得工资、薪金所得，并由扣缴义务人办理专项附加扣除的，对同一专项附加扣除项目，纳税人只能选择从其中一处扣除。

居民个人取得劳务报酬所得、稿酬所得、特许权使用费所得，应在汇算清缴时向税务机关提供有关信息，办理专项附加扣除。

那么，个人所得税的纳税期限是怎么规定的呢？如图6-16所示。

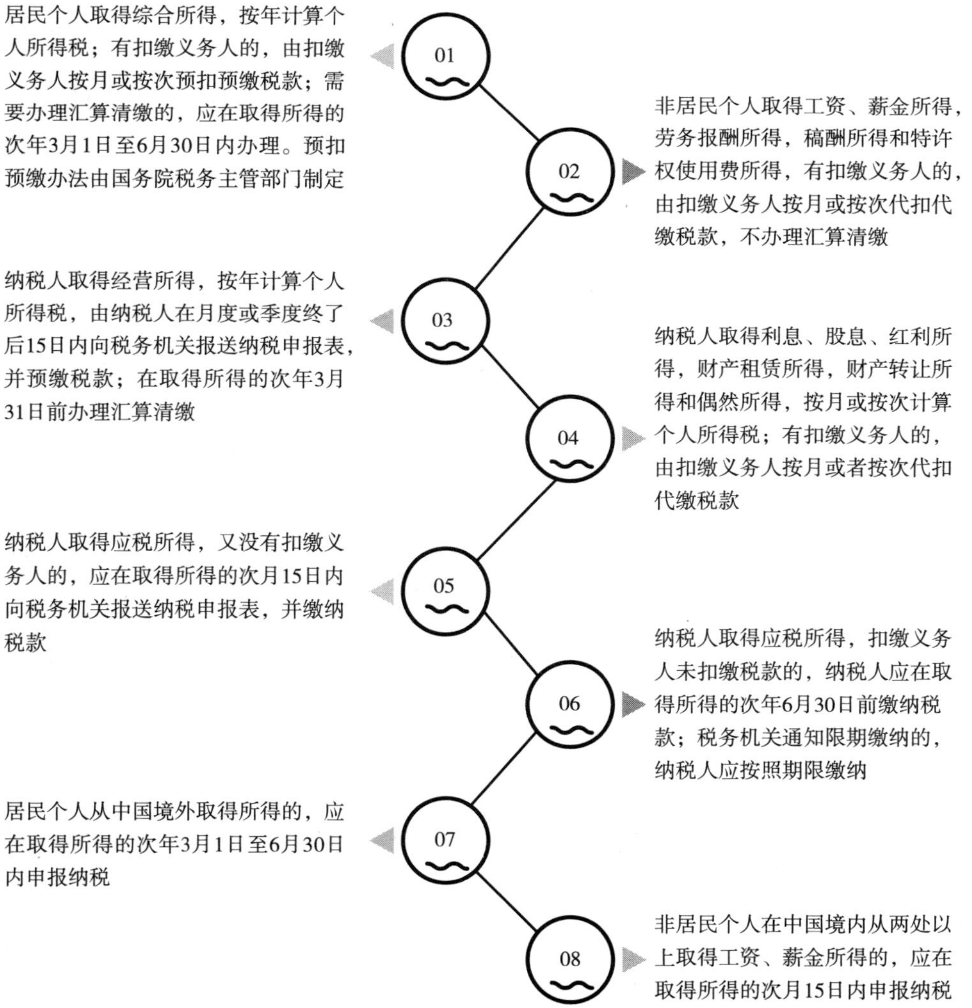

01 居民个人取得综合所得，按年计算个人所得税；有扣缴义务人的，由扣缴义务人按月或按次预扣预缴税款；需要办理汇算清缴的，应在取得所得的次年3月1日至6月30日内办理。预扣预缴办法由国务院税务主管部门制定

02 非居民个人取得工资、薪金所得，劳务报酬所得，稿酬所得和特许权使用费所得，有扣缴义务人的，由扣缴义务人按月或按次代扣代缴税款，不办理汇算清缴

03 纳税人取得经营所得，按年计算个人所得税，由纳税人在月度或季度终了后15日内向税务机关报送纳税申报表，并预缴税款；在取得所得的次年3月31日前办理汇算清缴

04 纳税人取得利息、股息、红利所得，财产租赁所得，财产转让所得和偶然所得，按月或按次计算个人所得税；有扣缴义务人的，由扣缴义务人按月或者按次代扣代缴税款

05 纳税人取得应税所得，又没有扣缴义务人的，应在取得所得的次月15日内向税务机关报送纳税申报表，并缴纳税款

06 纳税人取得应税所得，扣缴义务人未扣缴税款的，纳税人应在取得所得的次年6月30日前缴纳税款；税务机关通知限期缴纳的，纳税人应按照期限缴纳

07 居民个人从中国境外取得所得的，应在取得所得的次年3月1日至6月30日内申报纳税

08 非居民个人在中国境内从两处以上取得工资、薪金所得的，应在取得所得的次月15日内申报纳税

图6-16　个人所得税的纳税期限

⑩ 个人所得税的纳税申报实务

纳税人进行个人所得税纳税申报时，需要根据自身身份选择进行相应的纳税申报。比如居民个人，取得工资、薪金所得，劳务报酬所得，稿酬所得和特许权使用费所得等综合所得，且符合相关情形的，在规定期限内填报个人所得税年度自行纳税申报表及其他相关资料，办理年度汇算或者随年度汇算一并办理纳税申报，个人所得税年度自行纳税申报表如图 6-17 所示。

个人所得税年度自行纳税申报表（A 表）

（仅取得境内综合所得年度汇算适用）

税款所属期：　年　月　日至 年　月　日　　　　纳税人姓名：

纳税人识别号：□□□□□□□□□□□□□□□□□□□□□-□□　　　　金额单位：人民币元（列至角分）

基本情况					
手机号码		电子邮箱		邮政编码	
联系地址	省（区、市）　市　区（县）　街道（乡、镇）				
纳税地点（单选）					
1. 有任职受雇单位的，需选本项并填写“任职受雇单位信息”：			□任职受雇单位所在地		
任职受雇单位信息	名称				
	纳税人识别号	□□□□□□□□□□□□□□□□□□□□			
2. 没有任职受雇单位的，可以从本栏次选择一地：			□ 户籍所在地　经常居住地　主要收入来源地		
户籍所在地/经常居住地/主要收入来源地		省（区、市）　市　区（县）　街道（乡、镇）			
申报类型（单选）					
□ 首次申报			□更正申报		

项目	行次	金额
综合所得个人所得税计算		
一、收入合计（第 1 行=第 2 行+第 3 行+第 4 行+第 5 行）	1	
（一）工资、薪金	2	
（二）劳务报酬	3	
（三）稿酬	4	
（四）特许权使用费	5	
二、费用合计［第 6 行=(第 3 行+第 4 行+第 5 行)×20%］	6	
三、免税收入合计（第 7 行=第 8 行+第 9 行）	7	
（一）稿酬所得免税部分［第 8 行=第 4 行×(1-20%）×30% ］	8	
（二）其他免税收入（附报《个人所得税减免税事项报告表》）	9	
四、减除费用	10	
五、专项扣除合计（第 11 行=第 12 行+第 13 行+第 14 行+第 15 行）	11	
（一）基本养老保险费	12	
（二）基本医疗保险费	13	
（三）失业保险费	14	
（四）住房公积金	15	
六、专项附加扣除合计（附报《个人所得税专项附加扣除信息表》）（第 16 行=第 17 行+第 18 行+第 19 行+第 20 行+第 21 行+第 22 行）	16	
（一）子女教育	17	
（二）继续教育	18	
（三）大病医疗	19	
（四）住房贷款利息	20	
（五）住房租金	21	
（六）赡养老人	22	
七、其他扣除合计（第 23 行=第 24 行+第 25 行+第 26 行+第 27 行+第 28 行）	23	
（一）年金	24	
（二）商业健康保险（附报《商业健康保险税前扣除情况明细表》）	25	
（三）税延养老保险（附报《个人税收递延型商业养老保险税前扣除情况明细表》）	26	
（四）允许扣除的税费	27	
（五）其他	28	
八、准予扣除的捐赠额　（附报《个人所得税公益慈善事业捐赠扣除明细表》）	29	
九、应纳税所得额（第 30 行=第 1 行-第 6 行-第 7 行-第 10 行-第 11 行-第 16 行-第 23 行-第 29 行）	30	
十、税率（%）	31	
十一、速算扣除数	32	
十二、应纳税额（第 33 行=第 30 行×第 31 行-第 32 行）	33	
全年一次性奖金个人所得税计算（无住所居民个人预判为非居民个人取得的数月奖金，选择按全年一次性奖金计税的填写本部分）		
一、全年一次性奖金收入	34	
二、准予扣除的捐赠额　（附报《个人所得税公益慈善事业捐赠扣除明细表》）	35	
三、税率（%）	36	
四、速算扣除数	37	
五、应纳税额［第 38 行=（第 34 行-第 35 行）×第 36 行-第 37 行］	38	
税额调整		
一、综合所得收入调整额（需在“备注”栏说明调整具体原因、计算方式等）	39	
二、应纳税额调整额	40	
应补/退个人所得税计算		
一、应纳税额合计（第 41 行=第 33 行+第 38 行+第 40 行）	41	
二、减免税额（附报《个人所得税减免税事项报告表》）	42	
三、已缴税额	43	
四、应补/退税额（第 44 行=第 41 行-第 42 行-第 43 行）	44	

无住所个人附报信息			
纳税年度内在中国境内居住天数		已在中国境内居住年数	
退税申请（应补/退税额小于 0 的填写本部分）			
□ 申请退税（需填写“开户银行名称”“开户银行省份”“银行账号”）□ 放弃退税			
开户银行名称		开户银行省份	
银行账号			
备注			
谨声明：本表是根据国家税收法律法规及相关规定填报的，本人对填报内容（附带资料）的真实性、可靠性、完整性负责。　纳税人签字：　年　月　日			
经办人签字：经办人身份证件类型：经办人身份证件号码：代理机构签章：代理机构统一社会信用代码：		受理人：受理税务机关（章）：受理日期：　年　月　日	

图 6-17　个人所得税年度自行纳税申报表

居民个人取得利息、股息、红利所得，财产租赁所得，财产转让所得，偶然所得但没有扣缴义务人的，应在规定期限内办理居民分类所得个人所得税自行申报，填报个人所得税自行纳税申报表（A 表）向主管税务机关办理纳税申报，如图 6-18 所示。

个人所得税自行纳税申报表（A 表）

税款所属期：	年 月 日 至 年 月 日																						
纳税人姓名：																							
纳税人识别号： □□□□□□□□□□□□□□□□□□																	金额单位：人民币元（列至角分）						

自行申报情形	□居民个人取得应税所得，扣缴义务人未扣缴税款 □非居民个人取得应税所得，扣缴义务人未扣缴税款 □非居民个人在中国境内从两处以上取得工资、薪金所得 □其他	是否为非居民个人	□是 □否	非居民个人本年度境内居住天数	□不超过90天 □超过90天不超过183天

		收入额计算			专项扣除					其他扣除			减按计税比例	准予扣除的捐赠额	税款计算							
序号	所得项目	收入	费用	免税收入	基本养老保险费	基本医疗保险费	失业保险费	住房公积金	财产原值	允许扣除的税费	其他				应纳税所得额	税率	速算扣除数	应纳税额	减免税额	已缴税额	应补/退税额	备注
1	2	3	4	5	6	7	8	9	10	11	12	13	14	15	16	17	18	19	20	21	22	23

谨声明：本表是根据国家税收法律法规及相关规定填报的，是真实的、可靠的、完整的。

纳税人签字： 年 月 日

经办人签字： 经办人身份证件号码： 代理机构签章： 代理机构统一社会信用代码：	受理人： 受理税务机关（章）： 受理日期： 年 月 日

图 6-18 个人所得税自行纳税申报表（A 表）

如果是非居民个人取得应税所得，按照税收法律法规和税收协定的有关规定，就其取得的境内个人所得向主管税务机关书面报送个人所得税自行纳税申报表（A 表），如图 6-18 所示。

纳税人取得经营所得，在规定期限内填报个人所得税经营所得纳税申报表（A 表）及其他相关资料，向经营管理所在地主管税务机关办理预缴纳税申报，并预缴税款。另外，纳税人还要在规定期限内填报个人所得税经营所得纳税申报表（B 表）及其他相关资料，向经营管理所在地主管税务机关办理汇算清缴。

纳税人发生限售股转让所得的，需要办理限售股转让所得个人所得税清算申报，主要采取证券机构预扣预缴、纳税人自行申报清算和证券机构直接扣缴相结合的方式征收。纳税人按照实际转让收入与实际成本计算出的应纳税额，与证券机构预扣预缴税额有差异的，纳税人自证券机构代扣并解缴税款的次月 1 日起 3 个月内，到证券机构所在地主管税务机关提出清算申请，办理清算申报事宜。办理清算申报时需要填报限售股转让所得个人所得税清算申报表。

前述提及的、没有展示出来的申报表，纳税人可以进入国家税务总局官网的"纳税服务"页面"办税指南 / 申报纳税"栏目中查找下载。

四、关税船舶吨税和车辆购置税的申报

有人会问，公司经营涉及关税缴纳的，又该怎么进行纳税申报呢？公司虽然没有经常买车，但是每年都在用，也要缴纳车辆购置税，该怎么办纳税申报呢？如果发生了船舶吨税，纳税申报怎么处理？

⑪ 关税和船舶吨税的征收管理规定

关税在货物实际进出境时，即在纳税人按进出口货物通关规定向海关申报后、海关放行前一次性缴纳。进出口货物的收发货人或其代理人应在海关签发税款缴款凭证次日起 15 日内（星期日和法定节假日除外），向指定银行缴纳税款。逾期不缴纳的，除依法追缴外，由海关自到期次日起至缴清税款之日止，按日征收欠缴税额 0.5‰ 的滞纳金。

发生下列情形之一，经海关查验属实的，纳税人可以从缴纳税款之日起一年内，书面声明理由，连同纳税收据向海关申请退税，逾期不予受理。

①由于海关误征、多缴纳税款的。

②海关核准免验的进口货物在完税后，发现有短卸情况，经海关审查认可的。

③已征出口关税的货物，因故未装运出口而申报退关的。

海关应自受理退税申请之日起 30 日内作出书面答复，并通知退税申请人。

进出口货物完税后，如果发现少征或漏征税款（海关责任），海关有权在一年内予以补征。如果因为收发货人或其代理人违反规定而造成少征或漏征税款的（收发货人或其代理人责任），海关在三年内可以追缴。

拓展贴士 *海关暂不予放行的进出境行李物品*

自 2016 年 6 月 1 日起，旅客携运进出境的行李物品有下列情形之一的，海关暂不予放行。

①旅客不能当场缴纳进境物品税款的。

②进出境的物品属于许可证件管理的范围，但旅客不能当场提交的。

③进出境的物品超出自用合理数量，按规定应办理货物报关手续或其他海关手续，其尚未办理的。

④对进出境物品的属性、内容存疑，需要由有关主管部门进行认定、鉴定、核验的。

⑤按规定暂不予以放行的其他行李物品。

船舶吨税的纳税义务发生时间为应税船舶进入境内港口的当天。应税船舶在吨税执照期满后尚未离开港口的,应申领新的吨税执照,自上一执照期满的次日起续缴吨税。

应税船舶负责人应自海关填发吨税缴款凭证之日起 15 日内缴清税款。未按期缴清税款的,自滞纳税款之日起至缴清税款之日止,按日加收滞纳税款 0.5‰ 的税款滞纳金。

吨税也由海关负责征收。海关发现少征或漏征税款的,应自应税船舶应当缴纳税款之日起一年内,补征税款。但因应税船舶违反规定造成少征或漏征税款的,海关可以自应当缴纳税款之日起三年内追征税款,并自应当缴纳税款之日起按日加征少征或漏征税款 0.5‰ 的税款滞纳金。

海关发现多征税款的,应在二十四小时内通知应税船舶办理退还手续,并加算银行同期活期存款利息。应税船舶发现多缴税款的,可自缴纳税款之日起三年内以书面形式要求海关退还多缴的税款并加算银行同期活期存款利息;海关应自受理退税申请之日起 30 日内查实并通知应税船舶办理退还手续。

⑫ 关税和船舶吨税的纳税申报实务

纳税人可以进入海关总署官网,按照规定的流程以及页面提示,办理关税或船舶吨税的纳税申报。

如果有纳税人不知道如何进行关税和船舶吨税的纳税申报,可以按照如下操作流程查看相关事宜的办事指南。

进入海关总署官网,注册并登录账号,向下浏览页面,找到"互联网+海关"栏目,单击"我要办"按钮,如图 6-19 所示。

页面会默认跳转到"业务办理"页面,此时单击页面上方的"办事指南"选项卡,就可以在页面左侧查看到各种通关事宜,如图 6-20 所示。

单击"税费业务"左侧的展开按钮,即可看到与关税、船舶吨税等相关的选项,选择选项,在页面右侧就可以查看办事指南,如图 6-21 所示。

⑬ 车辆购置税的征收管理规定与纳税实务

纳税人购买自用应税车辆的,应自购买之日起六十日内申报纳税;进口自用应税车辆的,应自进口之日起六十日内申报纳税;自产、受赠、获奖或以其他方

图 6-19　单击"我要办"按钮

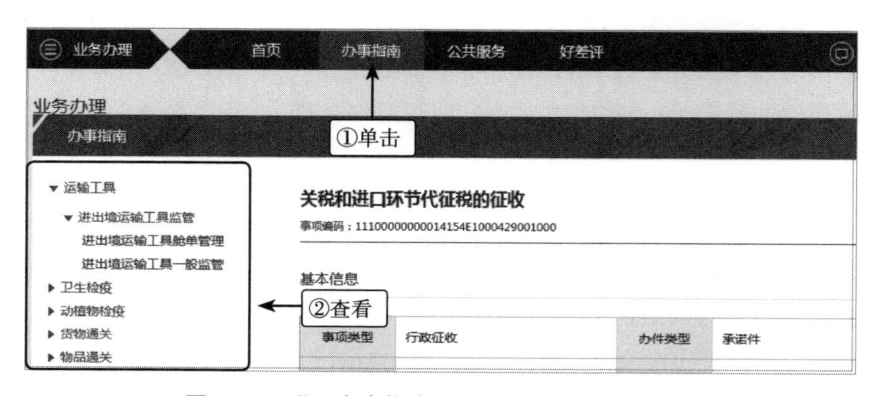

图 6-20　进入办事指南页面选择需要了解的事项

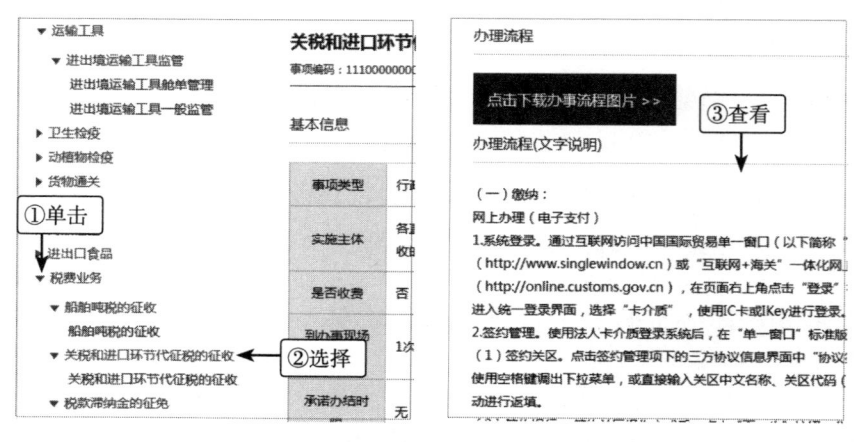

图 6-21　查看相关事宜的信息和办事流程

式取得并自用应税车辆的，应自取得之日起六十日内申报纳税。

纳税人应在向公安机关车辆管理机构办理车辆登记注册前，缴纳车辆购置税。注意，纳税人以外币结算应税车辆价款的，按照申报纳税之日中国人民银行公布的人民币基准汇价，折合成人民币计算应纳税额。

税务机关发现纳税人未按规定缴纳车辆购置税的，有权责令其补缴；纳税人拒绝缴纳的，税务机关可通知公安机关车辆管理机构暂扣纳税人的车辆牌照。

那么，纳税人在哪里缴纳车辆购置税呢？纳税人购置应税车辆，应向车辆登记注册地的主管税务机关申报纳税；购置不需要办理车辆登记注册手续的应税车辆时，应向纳税人所在地主管税务机关申报纳税。

纳税人在进行车辆购置税纳税申报时，需要填报车辆购置税纳税申报表，如图 6-22 所示，同时提交整车出厂合格证或车辆电子信息单、车辆相关价格凭证复印件等。

车辆购置税纳税申报表

填表日期：　　年　月　日　　　　　　　　　　金额单位：元

纳税人名称			申报类型	□征税□免税□减税	
证件名称			证件号码		
联系电话			地　址		
合格证编号(货物进口证明书号)			车辆识别代号/车架号		
厂牌型号					
排量（cc）			机动车销售统一发票代码		
机动车销售统一发票号码			不含税价		
海关进口关税专用缴款书（进出口货物征免税证明）号码					
关税完税价格		关　税		消费税	
其他有效凭证名称		其他有效凭证号码		其他有效凭证价格	
购置日期		申报计税价格		申报免（减）税条件或者代码	
是否办理车辆登记		车辆拟登记地点			
纳税人声明： 本纳税申报表是根据国家税收法律法规及相关规定填报的，我确定它是真实的、可靠的、完整的。 纳税人（签名或盖章）：					
委托声明： 现委托（姓名）______（证件号码）______办理车辆购置税涉税事宜，提供的凭证、资料是真实、可靠、完整的。任何与本申报表有关的往来文件，都可交予此人。 委托人（签名或盖章）：　　被委托人（签名或盖章）：					
以下由税务机关填写					
免（减）税条件代码					
计税价格	税率	应纳税额	免(减)税额	实纳税额	滞纳金金额
受理人： 年　月　日		复核人（适用于免、减税申报）： 年　月　日		主管税务机关（章）	

图 6-22　车辆购置税纳税申报表

其他还需要哪些资料，可进入国家税务总局官网查看。

第七章 做好税务筹划

工作中，你是不是经常听到领导说要想办法合法、合规节税？是不是也经常听到财会人员抱怨税务筹划太难了？还有人是否常常听到公司高层说税负太重了，经营举步维艰？由此看来，做好税务筹划对公司经营来说是很重要的，那么什么是税务筹划呢？

- 做好增值税纳税筹划
- 充分利用所得税税收优惠减税负
- 其他税种涉及的税务筹划方法

一、做好增值税纳税筹划

相信财会人员应该知道,增值税是我国的一个大税种,只要产品或商品在流转过程中发生增值,都需要缴纳增值税。因此,要帮助企业减轻税负,从增值税入手会更容易。

⑴ 设立时选择纳税人身份筹划纳税

从本书第二章的内容来看,纳税人身份可分为增值税一般纳税人和增值税小规模纳税人两大类。这两类纳税人身份主要在企业或公司设立时确定,会直接影响纳税人后期增值税的核算。

如果设立时选择认定为增值税一般纳税人,则当企业收到增值税专用发票时,发票上注明的增值税税额为进项税额,可用于抵扣企业当期的增值税销项税额,从而减少实际缴纳的增值税税款。

如果设立时选择认定为增值税小规模纳税人,则无论企业收到的是增值税专用发票,还是增值税普通发票,发票上注明的增值税税额都不能用于抵扣。

但是,是不是选择认定为一般纳税人就一定能达到筹划纳税的目的呢?下面通过具体的案例来看如何通过选择纳税人身份筹划增值税。

实例分析

通过选择纳税人身份进行增值税纳税筹划

某公司2×22年7月初设立,当月共有不含税销售额80.00万元,有不含税采购价款44.00万元,全部收到增值税专用发票,注明税率13%。所有款项均已结清,账务处理暂不考虑成本问题。

①假设该公司选择认定为增值税一般纳税人,则当月销售时可开出增值税专用发票,注明税率13%。而且,公司当月因采购收到的增值税专用发票注明的税款都能用于抵扣。

首先核算增值税进项税额,为57 200.00元(440 000.00×13%)。

借:原材料　　　　　　　　　　　　　　　　　　　　440 000.00

应交税费——应交增值税（进项税额）	57 200.00
贷：银行存款	497 200.00

再核算增值税销项税额，为 104 000.00 元（800 000.00×13%）。

借：银行存款	904 000.00
贷：主营业务收入	800 000.00
应交税费——应交增值税（销项税额）	104 000.00

最后，从 104 000.00 元销项税额中抵扣 57 200.00 元进项税额，该公司 7 月实际应缴纳的增值税为 46 800.00 元（104 000.00-57 200.00）。

②假设该公司选择认定为增值税小规模纳税人，则当月销售时可开出增值税普通发票，也可开出增值税专用发票，但注明的就是征收率，一般为 3%。而且，由于该公司为小规模纳税人，即使采购时收到的是增值税专用发票，也不能用于抵扣，所以税额 57 200.00 元要全部计入原材料入账价值。

借：原材料	497 000.00
贷：银行存款	497 200.00

那么，该公司 7 月最终还要缴纳增值税 24 000.00 元（800 000.00×3%）。这么看来，好像还比一般纳税人实际缴纳的 46 800.00 元低，选择认定为小规模纳税人更能节省税费。

那么，什么时候选择认定为一般纳税人才会更节省增值税税费呢？

假设公司当月不含税销售额为 S 元，不含税采购价款为 C 元，注明税率 13%。如果为增值税一般纳税人，则：

应纳增值税 $=S\times 13\%-C\times 13\%$

如果为增值税小规模纳税人，则：

应纳税额 $=S\times 3\%$

当 $S\times 13\%-C\times 13\% < S\times 3\%$，即 $S < 1.3C$ 时，选择认定为一般纳税人会更节省增值税税费。

当 $S\times 13\%-C\times 13\% > S\times 3\%$，即 $S > 1.3C$ 时，选择认定为小规模纳税人会更节省增值税税费。

根据这个规律来验证一下该案例的结果。该案例中，S 为 80.00 万元，C 为 44.00 万元，1.3C 等于 57.20 万元，小于 80.00 万元，即 $S > 1.3C$，所以选择认定为小规模纳税人会更节省增值税税费。

02 采购时选择合适的供应商进行纳税筹划

通过选择供应商来进行纳税筹划，其原理和确定纳税人身份相似。

比如，企业选择的供应商能够开具增值税专用发票，则企业就能根据发票作进项税额抵扣；如果选择的供应商不能开具增值税专用发票，则企业就不能抵扣进项税额。下面通过具体的案例来学习。

实例分析

通过选择供应商达到节省增值税的目的

某公司为增值税一般纳税人，2×22年7月发生采购业务，不含税采购价款共38.00万元，选择合作的供应商可以开出增值税专用发票，注明税率13%。已知该公司当月发生销售业务，收到不含税销售款69.00万元，对外开出增值税专用发票，注明税率13%。

解析：此时，公司发生的增值税进项税额49 400.00元（380 000.00×13%）是可以抵扣的。销项税额为89 700.00元（690 000.00×13%），公司实际应缴纳增值税40 300.00元（89 700.00-49 400.00）。

如果供应商为小规模纳税人，且能开具增值税专用发票，但这时注明的征收率为3%，公司也就只能按照3%的征收率进行进项税额抵扣，即11 400.00元（380 000.00×3%），公司实际应缴纳增值税就为78 300.00元（89 700.00-11 400.00）。

因此，当公司为一般纳税人，且可供选择的供应商均可以开具增值税专用发票时，公司应选择同样为一般纳税人的供应商，这样可抵扣的进项税额会更多，实际应缴纳的增值税税款会更少。

如果该公司为增值税小规模纳税人，则无论选择什么样的供应商，是否能开具增值税专用发票，都不能作进项税额抵扣。这时，该公司当期实际需要缴纳的增值税税额就是用不含税销售额乘以适用征收率。只不过，选择的供应商是增值税一般纳税人的，在同等不含税采购价款的前提下，公司采购的原材料的入账价值会更高；而选择的供应商是增值税小规模纳税人的，在同等不含税采购价款的前提下，公司采购的原材料的入账价值会更低。

综上所述，公司生产经营过程中应尽量选择纳税人身份为增值税一般纳税人的供应商。

③ 销售时用商业折扣方式筹划纳税

可能有人会问：什么是商业折扣？什么又是现金折扣？两者有什么不同？为什么销售时采用商业折扣就能筹划纳税呢？

商业折扣是指企业为了促进商品销售而给予的价格扣除，它一般在销售时就已经发生。比如公司为鼓励客户多买商品，可能规定购买超过多少钱的商品就给予客户百分之几的折扣。所以，企业销售商品涉及商业折扣的，应按照扣除商业折扣后的金额确定销售收入金额和增值税销项税额。

现金折扣是指债权人为了鼓励债务人在规定期限内付款而向债务人提供的债务扣除，它一般发生在销售商品之后。比如公司与客户在购销合同中约定"2/10，1/20，N/30"的现金折扣，它表示：销货方允许客户最长的付款期限为30天，如果客户在10天内付款，销货方可按商品售价给予客户2%的折扣；如果客户在11天至20天内付款，销货方可按商品售价给予客户1%的折扣；如果客户在21天至30天内付款，将不能享受现金折扣。

下面通过具体案例来对比这两种折扣方式，了解为什么销售时用商业折扣可以筹划纳税。

实例分析

关于销售涉及商业折扣的纳税筹划

某公司为增值税一般纳税人，2×22年7月与某客户签订了产品购销合同，约定不含税售价为25.00万元，双方协商约定，给予客户不考虑增值税的2%的商业折扣，款项尚未收到。已知该公司当月可以抵扣的增值税进项税额共18 200.00元。

解析：这里发生的折扣为商业折扣，折扣发生在销售发生的当时，因此以售价扣除商业折扣金额后的余额确认销售收入。又因为商业折扣不考虑增值税，所以相关核算及账务处理如下。

商业折扣金额 =250 000.00×2%=5 000.00（元）

确认销售收入 =250 000.00-5 000.00=245 000.00（元）

公司向客户开具增值税专用发票，分别注明售价250 000.00元、商业折扣5 000.00元，税率13%。

增值税销项税额 =245 000.00×13%=31 850.00（元）

所以，公司向客户开具的增值税专用发票上注明的税额为31 850.00元。此时编制会计分录如下。

  借：应收账款   276 850.00
    贷：主营业务收入   245 000.00
      应交税费——应交增值税（销项税额） 31 850.00

此时该公司当月实际应缴纳的增值税税额为13 650.00元（31 850.00-18 200.00）。

若该公司与客户签订的产品购销合同中约定"2/10，1/20，N/30"的现金折扣政策，且不考虑增值税，客户在10天内付款，其他条件均不变。那么，该公司当月实际应缴纳多少增值税税额呢？

解析：由于现金折扣发生在公司销售产品以后，因此，不能以扣除现金折扣后的金额确认销售收入，而应该以合同约定的售价为准。同时，发票上注明的增值税税额也要以不含税售价乘以适用税率。客户在销售业务发生后10天内付款，因此可享受2%的现金折扣。

现金折扣金额 =250 000.00×2%=5 000.00（元）
确认销售收入 =250 000.00（元）
增值税销项税额 =250 000.00×13%=32 500.00（元）

公司向客户开具增值税专用发票，注明售价250 000.00元，税率13%，税额32 500.00元。

  借：应收账款   282 500.00
    贷：主营业务收入   250 000.00
      应交税费——应交增值税（销项税额） 32 500.00

后期收到客户支付的货款时，确认现金折扣，将其计入财务费用。而实际收到的货款金额为277 500.00元（282 500.00-5 000.00）。

  借：银行存款   277 500.00
    财务费用   5 000.00
    贷：应收账款   282 500.00

此时公司当月实际应缴纳的增值税税额就是32 500.00元。

由此可见，公司选择采取商业折扣的方式进行销售，可以节省应缴纳的增值税。但是这样一来，公司实际收到的货款会更少，如该案例中，采用

> 商业折扣最终收到的货款金额为 276 850.00 元，而采用现金折扣最终收到的货款金额为 277 500.00 元。

④ 实用的增值税税收优惠政策

根据《中华人民共和国增值税暂行条例》的规定，下列项目免征增值税：

①农业生产者销售的自产农产品。

②避孕药品和用具。

③古旧图书。

④直接用于科学研究、科学试验和教学的进口仪器、设备。

⑤外国政府、国际组织无偿援助的进口物资和设备。

⑥由残疾人的组织直接进口供残疾人专用的物品。

⑦销售的自己使用过的物品。

除前款规定外，增值税的免税、减税项目由国务院规定。任何地区、部门均不得规定免税、减税项目。

如果公司经营范围刚好是上述免税项目，那当然就能直接免征增值税，可以极大地减轻公司的增值税税负。但是，如果公司经营范围不在其中，则无法享受到该类免税政策，就需要另想办法减轻税负。

如果公司是小规模纳税人，则可以根据国家税务总局公告 2023 年第 1 号《财政部 税务总局关于明确增值税小规模纳税人减免增值税等政策的公告》的内容，享受相应的税收优惠。具体涉及内容如下：

一、增值税小规模纳税人（以下简称小规模纳税人）发生增值税应税销售行为，合计月销售额未超过 10 万元（以 1 个季度为 1 个纳税期的，季度销售额未超过 30 万元，下同）的，免征增值税。

小规模纳税人发生增值税应税销售行为，合计月销售额超过 10 万元，但扣除本期发生的销售不动产的销售额后未超过 10 万元的，其销售货物、劳务、服务、无形资产取得的销售额免征增值税。

二、适用增值税差额征税政策的小规模纳税人，以差额后的销售额确定是否可以享受 1 号公告第一条规定的免征增值税政策。

三、《中华人民共和国增值税暂行条例实施细则》第九条所称的其他个人，采取一次性收取租金形式出租不动产取得的租金收入，可在对应的租赁期内平均分摊，分摊后的月租金收入未超过 10 万元的，免征增值税。"

比如财政部、税务总局公告 2020 年第 2 号《关于明确国有农用地出租等增值税政策的公告》规定如下：

"一、纳税人将国有农用地出租给农业生产者用于农业生产，免征增值税。

二、房地产开发企业中的一般纳税人购入未完工的房地产老项目继续开发后，以自己名义立项销售的不动产，属于房地产老项目，可以选择适用简易计税方法按照 5% 的征收率计算缴纳增值税。"

符合上述规定的纳税人也可充分利用该税收优惠政策，减轻税负。

作为企业的财会人员，甚至是专门的办税人员，要想帮助企业减轻增值税税负，需要时刻关注国务院财政、税务等主管部门的政策发布情况，及时获取税收优惠政策，做好纳税筹划。

二、充分利用所得税税收优惠减税负

产品、商品流转过程发生了增值要缴税，产品、商品销售后获得利润也要缴税，所涉及的企业所得税也是税款支出的一个大头。因此，从企业所得税入手进行纳税筹划，是帮助企业减轻税负的有效操作。

05 充分利用税前加计扣除

什么是加计扣除？简单理解就是某项目在税前扣除的前提下，还能按照一定的比例再进行扣除。图 7-1 所示为企业所得税税前加计扣除的相关规定，包括但不限于这些内容。

注意，烟草制造业、住宿和餐饮业、批发和零售业、房地产业、租赁和商务服务业、娱乐业以及财政部和国家税务总局规定的其他行业，不适用研究开发费用的加计扣除政策。

下面通过案例来切实了解如何利用税前加计扣除减轻税负。

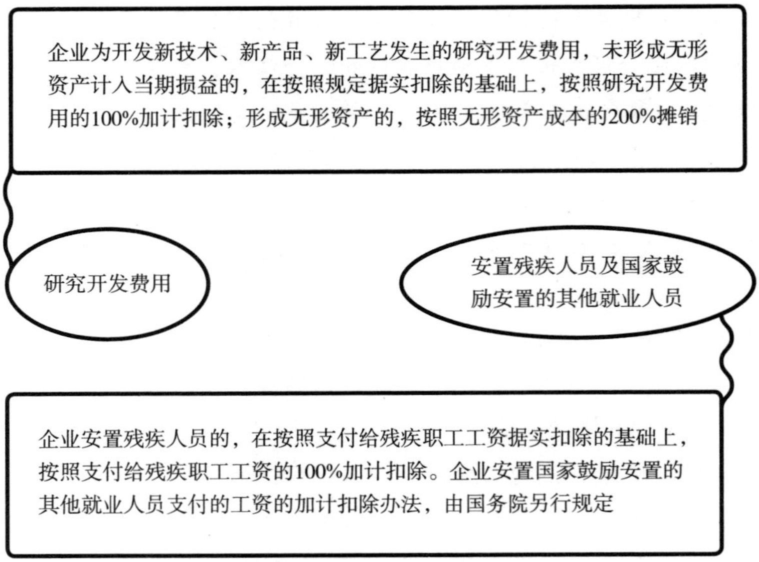

企业为开发新技术、新产品、新工艺发生的研究开发费用，未形成无形资产计入当期损益的，在按照规定据实扣除的基础上，按照研究开发费用的100%加计扣除；形成无形资产的，按照无形资产成本的200%摊销

研究开发费用

安置残疾人员及国家鼓励安置的其他就业人员

企业安置残疾人员的，在按照支付给残疾职工工资据实扣除的基础上，按照支付给残疾职工工资的100%加计扣除。企业安置国家鼓励安置的其他就业人员支付的工资的加计扣除办法，由国务院另行规定

图 7-1　企业所得税税前加计扣除

[实例分析]

公司利用加计扣除减少企业所得税应纳税额

某医药公司2×22年初开始研发一种新药，研发人员工资68.00万元，购买商业险12.00万元，资料翻译费和专家咨询费各9.00万元，假设未发生其他费用。2×22年7月1日，该公司研发的新药进入开发阶段，并符合资本化条件，发生费用与上半年相同。2×22年12月底，新药研发成功，达到预定用途并开始使用。那么，该公司应如何享受研发费用加计扣除优惠政策呢？

解析：公司为员工购买的商业保险，不能在税前扣除。

据实扣除的研发费用=68.00+9.00+9.00=86.00（万元）

未形成无形资产而计入当期损益的，在按规定据实扣除的基础上，再按实际发生额的100%加计扣除。假设资料翻译费和咨询费等能据实扣除，那么，研发费用加计扣除金额为86.00万元（86.00×100%）。也就是说，该公司研发费用总共可以扣除172.00万元（86.00+86.00）。

假设没有加计扣除前，公司当年的利润总额为384.00万元，且不存在其他纳税调整事项，此时应交企业所得税为96.00万元（384.00×25%）。如果按规定进行加计扣除，则公司当年税前可多扣除86.00万元，当年利润总额将少86.00万元，在不存在其他纳税调整事项的情况下，此时利润总额为298.00万元（384.00-86.00），应交企业所得税为74.50万元（298.00×25%），少缴纳21.50万元（96.00-74.50）。

企业安置残疾人员或安置国家鼓励安置的其他就业人员的加计扣除，也可参照案例的分析思路进行纳税筹划。

06 紧扣各种费用扣除上限进行纳税筹划

前面介绍了所得税的税前扣除项目，包括其扣除标准。这里以职工福利费为例，说说如何利用费用的扣除上限来进行企业所得税的纳税筹划。

实例分析

从职工福利费的扣除上限入手进行所得税纳税筹划

2×22年，某公司员工工资薪金总额共288.00万元，其中，职工福利费共43.00万元。年终汇算清缴时，公司年度会计利润（即利润表中利润总额）共960.00万元，适用企业所得税税率25%。假设公司发生的其他相关费用，均在税法规定的扣除范围内，那么，该公司该年度最终应缴纳多少企业所得税呢？

解析：根据税前扣除项目扣除限额的规定，职工福利费支出在不超过工资薪金总额14%的部分，准予扣除。2×22年度该公司工资薪金总额的14%为40.32万元（288.00×14%），而会计处理上该公司实际扣除职工福利费43.00万元，多扣除了2.68万元（43.00-40.32），因此，按照税法规定，需要把多扣除的部分加回来，即调增应纳税所得额2.68万元。

应纳税所得额=960.00+2.68=962.68（万元）

应交企业所得税=962.68×25%=240.67（万元）

净利润=960.00-240.67=719.33（万元）

如果该公司 2×22 年发生职工福利费刚好为 40.32 万元，未超过工资薪金总额的 14%，则根据税法规定不需要进行纳税调整。此时，应纳税所得额就为会计利润，即利润总额 960.00 万元。

应交企业所得税 =960.00×25%=240.00（万元）

净利润 =960.00-240.00=720.00（万元）

如果该公司 2022 年发生的职工福利费为 40.00 万元，未超过工资薪金总额的 14%，则根据税法规定不需要进行纳税调整，但是，原会计处理时核算出的利润表中的利润总额就不再是 960.00 万元。

利润总额 =960.00+（43.00-40.00）=963.00（万元）

应交企业所得税 =963.00×25%=240.75（万元）

净利润 =963.00-240.75=722.25（万元）

由此可见，当公司发生的职工福利费刚好等于工资薪金总额 14% 的限额，会比超过限额时少缴纳企业所得税，如这里少缴纳 0.67 万元（240.67-240.00），此时净利润也比超过限额时的净利润高。

当公司发生的职工福利费低于限额时，需要缴纳的企业所得税会比刚好等于限额时多 0.75 万元（240.75-240.00），但是，此时公司的净利润很可能更高，因为职工福利费少了，税前扣除的金额就少了，最终可能导致净利润更多。

如果该公司纳税筹划的最终目的为净利润最大化，则公司需要将职工福利费保持在限额以下；如果公司纳税筹划的目的只是使应缴纳的企业所得税尽可能少，则需要尽量使职工福利费刚好等于限额。

其他税前扣除项目的纳税筹划原理，均可参考该案例的分析思路。

07 合理改变固定资产折旧年限做筹划

在我国，关于企业所得税的税收优惠政策，有一类为加速折旧和设备、器具一次性税前扣除。具体为：当企业的固定资产存在下列情形之一的，可采取缩短折旧年限或采取加速折旧的方法计提折旧，从而达到享受税收优惠的目的。

①由于技术进步，产品更新换代较快的固定资产。

②常年处于强震动、高腐蚀状态的固定资产。

下面通过一个具体案例来看如何利用固定资产改变折旧年限来进行纳税筹划。

实例分析

从缩短固定资产折旧年限入手进行所得税纳税筹划

某公司为一家化工企业，2×22年公司年终汇算清缴时，公司年度会计利润（即利润表中利润总额）共720.00万元，适用企业所得税税率25%。假设该公司在对生产设备计提折旧时，按照常规的年限平均法计提折旧，使用寿命为10年。不存在其他纳税调整事项，该公司当年度需要缴纳企业所得税税额有多少？

解析：应交企业所得税=720.00×25%=180.00（万元）

净利润=720.00-180.00=540.00（万元）

如果该公司按照税法的规定，确认生产用机器设备长年处于高腐蚀状态，采取缩短折旧年限的方法计提折旧，如缩短折旧年限为6年。假设生产设备原值为38.00万元，预计净残值为2.00万元，同样采取年限平均法计提折旧，那么：

常规情况下每年计提折旧=（38.00-2.00）÷10=3.60（万元）

缩短折旧年限时每年计提折旧=（38.00-2.00）÷6=6.00（万元）

公司采取缩短折旧年限的方法计提折旧时，每年折旧额比常规情况下多2.40万元（6.00-3.60），再加上不存在其他纳税调整事项，那么每年税前扣除金额就会多2.40万元，每年会计利润就会少2.40万元，即应纳税所得额会少2.40万元。

应纳税所得额=720.00-2.40=717.60（万元）

应交企业所得税=717.60×25%=179.40（万元）

净利润=717.60-179.40=538.20（万元）

从计算结果来看，当公司根据税法规定采取缩短固定资产折旧年限的方法时，当年度应缴纳企业所得税为179.40万元，比不采取缩短年限方法时少缴纳0.60万元（180.00-179.40）。但是，采取缩短年限方法计提固定资产折旧后，当年度获得的净利润比常规情况下获得的净利润要少1.80万元（540.00-538.20）。

> 看上去好像不采取缩短年限方法要多获得净利润，采取缩短年限法计提折旧并没有什么筹划优势。但是，当公司缩短折旧年限，在6年后，生产设备的折旧额就计提完毕了，后期不需要再计提折旧，税前扣除就会少一大部分，此时公司的净利润又会相应增加。
>
> 所以总的来说，公司还是可以采取缩短固定资产折旧年限的方法来达到纳税筹划目的。前6年可以少缴纳企业所得税，6年以后，公司的净利润又会因为不再计提折旧而增加，进而抵销这6年期间少获得的净利润，直至完全抵销。

除了采取缩短固定资产折旧年限的方法来达到纳税筹划目的，企业还可以使用加速折旧方法，如采取双倍余额递减法或年数总和法，这里不再详细解释。

08 实用的企业所得税税收优惠政策

实际上，上一小节提及的缩短固定资产折旧年限和采用加速折旧法来计提固定资产折旧，也是企业所得税税收优惠政策中的一种。除此以外，还有一些税收优惠政策比较实用。

①企业取得国债利息收入，符合条件的居民企业之间的股息、红利等权益性投资收益，在中国境内设立机构、场所的非居民企业从居民企业取得的与该机构、场所有实际联系的股息、红利等权益性投资收益，以及符合条件的非营利组织的收入等免税收入时，可以免予征收企业所得税。

②企业从事下列项目的所得，免征企业所得税。

a. 蔬菜、谷物、薯类、油料、豆类、棉花、麻类、糖料、水果、坚果的种植。

b. 农作物新品种的选育。

c. 中药材的种植。

d. 林木的培育和种植。

e. 牲畜、家禽的饲养。

f. 林产品的采集。

g. 灌溉、农产品初加工、兽医、农技推广、农机作业和维修等农、林、牧、渔服务业项目。

h. 远洋捕捞。

很显然，如果企业经营范围包括这些项目，就可按规定免征企业所得税。如果经营范围不涉及这些项目，该优惠政策对企业纳税筹划无用。

③企业从事下列项目的所得，减半征收企业所得税。

a. 花卉、茶以及其他饮料作物和香料作物的种植。

b. 海水养殖、内陆养殖。

同理，如果企业经营范围包括这些项目，就可按规定减半征收企业所得税。如果经营范围不涉及这些项目，该优惠政策对企业纳税筹划无用。

④在中国境内未设立机构、场所的，或虽设立机构、场所但取得的所得与其所设机构、场所没有实际联系的非居民企业，其取得的来源于中国境内的所得，减按 10% 的税率征收企业所得税。

⑤符合条件的小型微利企业，减按 20% 的税率征收企业所得税。具体的条件可参考相关税收政策。

⑥国家需要重点扶持的高新技术企业，减按 15% 的税率征收企业所得税。自 2018 年 1 月 1 日起，对经认定的技术先进型服务企业（服务贸易类），减按 15% 的税率征收企业所得税。

⑦创业投资企业采取股权投资方式投资于未上市的中小高新技术企业两年以上的，可按其投资额的 70%，在股权持有满两年的当年抵扣该创业投资企业的应纳税所得额；当年不足抵扣的，可在以后纳税年度结转抵扣。

⑧企业购置并实际使用环境保护专用设备企业所得税优惠目录、节能节水专用设备企业所得税优惠目录和安全生产专用设备企业所得税优惠目录规定的环境保护、节能节水、安全生产等专用设备的，该专用设备的投资额的 10% 可以从企业当年的应纳税额中抵免；当年不足抵免的，可以在以后五个纳税年度内结转抵免。

⑨企业以资源综合利用企业所得税优惠目录规定的资源作为主要原材料，生产国家非限制和禁止并符合国家和行业相关标准的产品所取得的收入，减按 90% 计入收入总额，计征企业所得税。

三、更多税种涉及的税务筹划方法

税务筹划毕竟会减少财政收入，因此筹划方法除了小部分合理、合法的手段，大多数依靠税收优惠政策，尤其是其他小税种。

⑨ 从减少流转环节入手筹划合同的印花税

由于在业务的流转过程中，每一次订立合同均需要缴纳一次印花税。再加上书面合同的纳税人为立合同人，合同的签订又涉及两方当事人，因此，对于同一份合同，双方当事人都需要按规定缴纳印花税。这就为印花税的纳税筹划提供了契机，那就是通过减少流转环节来节省印花税。

下面通过具体案例来看如何从合同签订方式入手，筹划印花税。

实例分析

改变合同的签订方式也可以合理节省印花税

某公司将一笔价款总计为4 000.00万元的工程承包给A公司，A公司又将其中1 000.00万元工程分包给B公司，1 500.00万元工程分包给C公司。已知建设工程合同适用的印花税税率为0.3‰，此时，各公司印花税应纳税额分别是多少？总计又是多少呢？

解析：某公司印花税应纳税额＝4 000.00×0.3‰=1.20（万元）

A公司印花税应纳税额＝4 000.00×0.3‰+1 000.00×0.3‰+1 500.00×0.3‰=1.95（万元）

B公司印花税应纳税额＝1 000.00×0.3‰=0.30（万元）

C公司印花税应纳税额＝1 500.00×0.3‰=0.45（万元）

四家公司合计印花税应纳税额＝1.20+1.95+0.3+0.45=3.90（万元）

如果A公司与该公司协商，让该公司分别与B公司和C公司签订价款1 000.00万元和1 500.00万元的工程合同，剩余1 500.00万元工程合同由该公司与A公司签订。这样一来，该公司、B公司和C公司的印花税应纳税额将不变，但A公司的印花税应纳税额可以相应减少。相关计算如下所示。

某公司印花税应纳税额＝1 500.00×0.3‰+1 000.00×0.3‰+1 500.00×0.3‰=1.20（万元）

A公司印花税应纳税额＝1 500.00×0.3‰=0.45（万元）

B公司印花税应纳税额＝1 000.00×0.3‰=0.30（万元）

C公司印花税应纳税额＝1 500.00×0.3‰=0.45（万元）

四家公司合计印花税应纳税额＝1.20+0.45+0.30+0.45=2.40（万元）

> 由此可见，在筹划印花税时，公司可以利用减少业务流转环节，也就是合理规划合同签订方式的方法来合理节省印花税。

⑩ 其他税种比较实用的税收优惠政策

除了本章前述内容提及的增值税、企业所得税和印花税，其他税种要么是针对特定应税消费品征收，要么是针对特定行为征收，因此，想要进行纳税筹划并不容易，但可以从税收优惠的角度入手。下面就来了解一些比较实用的税收优惠政策。

◆ 城市维护建设税

城市维护建设税属于增值税、消费税的一种附加税，原则上不单独规定税收减免条款。但如果税法规定减免增值税、消费税，也就相应地减免了城市维护建设税。

比如，对进口货物或境外单位和个人向境内销售劳务、服务、无形资产缴纳的增值税、消费税税额，不征收城市维护建设税。

◆ 关税

关税主要从税率入手规定税收优惠政策，具体需要根据海关总署发布的公告、通知等执行，这里不做详述。

还有其他一些阶段性的税收优惠政策，纳税人可进入国家税务总局的"税收政策库"进行查看、了解和运用。

◆ 城镇土地使用税

纳税人直接用于农、林、牧、渔业的生产用地，免缴城镇土地使用税。

经批准开山填海整治的土地和改造的废弃土地，从使用的月份起免缴城镇土地使用税5～10年。

新征收的城镇土地使用税应税范围内的耕地，自批准征收之日起满一年时才开始缴纳城镇土地使用税。

其他具体优惠政策，可进入国家税务总局"税收政策库"查看。

◆ 耕地占用税

学校、幼儿园、社会福利机构、医疗机构占用耕地，免征耕地占用税。

铁路线路、公路线路、飞机场跑道、停机坪、港口、航道、水利工程占用耕地，减按每平方米两元的税额征收耕地占用税。

◆ 车船税

对节约能源、使用新能源的车船，可减征或免征车船税。对受严重自然灾害影响纳税困难及有其他特殊原因确需减税、免税的，可减征或免征车船税。具体办法由国务院规定，并报全国人民代表大会常务委员会备案。

省、自治区、直辖市人民政府根据当地实际情况，可对公共交通车船、农村居民拥有并主要在农村地区使用的摩托车、三轮车和低速载货汽车定期减征或免征车船税。

◆ 车辆购置税

设有固定装置的非运输专用作业车辆、城市公交企业购置的公共汽电车辆等，免征车辆购置税。